GAIENHOFENER UMWEGE

Hermann Hesse und sein erstes Haus

Herausgegeben von
Ute Hübner und Thomas Schmidt

Gaienhofen 2021

Es war die erste Zuflucht meiner jungen Ehe, die erste legitime Werkstatt meines Berufes.

Beim Einzug in ein neues Haus (1931)

Es war die erste Zuflucht meiner jungen Ehe, die erste legitime Werkstatt meines Berufes.

Beim Einzug in ein neues Haus (1931)

Hermann Hesse, 1904

INHALTS-
VERZEICHNIS

UMWEGE?
EINE EINFÜHRUNG

I.

Wer von Umwegen spricht, kennt das Ziel. Ein Umweg ist kein Irrweg, und er führt nicht in eine Sackgasse. Wer von Umwegen spricht, muss um die ›richtige‹ Richtung wissen. Und wer – wie Hermann Hesse – eine wichtige Zeit seines Lebens im Nachhinein als einen »Umweg« bezeichnet, nämlich jene acht Jahre, die er zwischen 1904 und 1912 in Gaienhofen am Bodensee verbracht hat, der weiß auch, dass eigentlich alle Lebenswege Umwege sind.
Umwege bestimmten die Jahre des begabten Jungen aus Calw im Schwarzwald schon zuvor: In der berühmten Maulbronner Klosterschule wurde er nicht geduldet und unternahm – gegen die streng pietistische Erziehung seines Elternhauses opponierend – eine gefährliche, ja lebensbedrohliche seelische Odyssee, bevor er als 18-Jähriger in einem Tübinger Antiquariat begann, sich an die Ränder des bürgerlichen Lebens zurückzuhangeln. Bezeichnenderweise in unmittelbarer Nähe zu jenen beiden Orten, die ihm bestimmt schienen: dem Tübinger Stift, wo er hätte zum Theologen ausgebildet werden sollen wie sein Leitstern Friedrich Hölderlin, und dem Turm am Neckar, in dem dieser andere große Schwabe, der sich ebenfalls für die Dichterlaufbahn entschieden hatte, zurückgezogen und wundgerieben an seiner Zeit die zweite Hälfte seines Lebens verbrachte.
Als Hesse dann im Alter von 27 Jahren auf die Halbinsel Höri kam, glaubte er sich auf dem richtigen Weg. Er hatte geheiratet und als Schriftsteller seinen ersten großen Erfolg. Dass sich dieser Glaube als Irrtum erweisen sollte, davon erzählt diese Ausstellung. Sie erzählt aber ebenso davon, dass das schlichte Bauernhaus am

Gaienhofener Dorfplatz für Hesse, der später mit dem Nobelpreis für Literatur ausgezeichnet werden sollte, die »erste legitime Werkstatt« seines Berufes war.

II.

»[E]igentlich«, so Hesse später, »hatten wir bloß die Hälfte des Hauses gemietet, die andere Hälfte bestand aus Scheune und Stall, die der Bauer zur eigenen Verwendung behielt«. In diesem ehemaligen Scheunenteil beginnt der Ausstellungsrundgang. Er setzt mit Hesses biografischer Landkarte ein, deren Mittelpunkt Gaienhofen bildet. Mit seinem Leben hier war für ihn erstmals ein »Gefühl der Seßhaftigkeit« verbunden: »Die Bitternis der Schul- und Werdejahre, in der ich oft sehr nah am Untergang gewesen war, wurde nun vergessen«. Im zweiten Raum verengt sich Hesses Topografie auf die stimmungsvolle Höri-Landschaft, die über einen Holzsteg erreichbar ist: gleichsam *Im Nebel,* denn beim Betreten ertönt Hesses gleichnamiges, hier entstandenes und mit seiner Klage über das Alleinsein so dramatisches Gedicht – vom Verfasser selbst vorgetragen (S. 59).
Im nun folgenden einstigen Wohnbereich der jungen Familie Hesse widmen sich die Räume im Erdgeschoss den hier schon bald auftretenden Konflikten zwischen der Künstlerexistenz und dem bürgerlichen Leben als Ehemann und Familienvater. Vorbei am Baugesuch für ein eigenes Haus in Gaienhofen, dessen Bezug Ende 1907 wie ein Neustart in die Bürgerlichkeit anmutet, führt der Weg ins Obergeschoss, wo das Arbeitszimmer des Dichters lag, nun das Herzstück der Ausstellung. Es wird flankiert von Zeugnissen seines Engagements für die Schwesterkünste Malerei und Musik, die er in Gaienhofen neu entdeckte und die in seinem Werk eine wichtige Rolle spielen, sowie von seiner dreimonatigen

Reise Richtung Indien, mit der er vor seiner Gaienhofener Existenz geradezu floh und von der er mit der Einsicht zurückkehrte, »dass Rettung und Fortbestand der europäischen Kultur nur möglich ist durch das Wiederfinden seelischer Lebenskunst und seelischen Gemeinbesitzes.« Alsbald nach der Rückkehr verließ Hesse den Bodensee und wenig später ebenso seine Familie. Auch wenn ihm die Idylle am Bodensee später nur als »Umweg« erschien, so entstanden hier doch eine Vielzahl poetischer Texte, die am Ende der Ausstellung präsentiert werden und die zum allergrößten Teil an jenem Schreibtisch geschrieben wurden, den sich Hesse nach eigenen Skizzen für dieses Haus hatte bauen lassen und der ihn bis zum Ende seines Lebens an alle seine Wohnstätten begleitete. In einem Dichterhaus ist das Arbeitszimmer des einstigen Hausherrn der wichtigste Raum und sein Schreibtisch als Ort der Lust und der Triumphe, aber auch der Niederlagen das wichtigste Exponat. In Gaienhofen wurde das Arbeitszimmer aber bewusst nicht ›rekonstruiert‹. So steht auch der imposante Schreibtisch nicht an seinem ›alten‹ Platz, sondern auf einem flachen Podest und unter einem Lichtkegel diagonal mitten im Raum.
Das Arbeitszimmer selbst erinnert an eine Dunkelkammer. Man kann darin durchaus eine Anspielung auf Hesses neuromantischen *Weg nach innen* sehen oder auch eine Referenz an die Frau des Hauses Maria Bernoulli, eine der ersten Berufsfotografinnen der Schweiz. In den mit schwarzem Filz bespannten Einbauwänden erlauben kleine hinterleuchtete Aussparungen einen Blick in die Geschichte des Schreibtisches und auf seine überlieferten Inhalte: Briefbeschwerer, Brieföffner, Petschaft. Von ihnen aus wird das Thema des Schreibens konsequent weitergeführt. Hesses Schreibprozess, seine eigenen Schreibgeräte und -techniken rücken in den Blick. Von seiner außergewöhnlichen Schreibmaschine mit ihren zwei Manualen bis

zu Manuskript-, Typoskript- und Hybrid-Seiten von Texten sind die Dinge sämtlich durch Kommentare eines Dichters beglaubigt, dem sehr wohl bewusst war, dass das jeweilige Schreibgerät sein Verhältnis zum Text und auch zu sich selbst ändert.

III.

Warum keine Rekonstruktion? Warum wurden der Schreibtisch und die wenigen erhaltenen Dinge, warum wurde das Arbeitszimmer im Ganzen nicht lebensweltlich – also ›wie zur Zeit Hesses‹ – eingerichtet? Zum ersten, weil wir gar nicht wissen, wie der Raum wirklich ausgesehen hat. Fotografien gibt es nicht, und auch Hesse beschrieb nur vage die Aufstellung seiner Bücher, den Blick aus dem Fenster – und seinen »große[n] Schreibtisch«. Überhaupt stellte sich bei der Neugestaltung die Frage, generell und über das Arbeitszimmer hinaus, ob und wo sich im Haus noch Bausubstanz aus Hesses Jahren finden lässt. Beim Rückbau von Trockenwänden im Erdgeschoss etwa wurden alte Wandverkleidungen freigelegt, die durchaus aus jener Zeit stammen könnten, über die sich aber dennoch nichts Sicheres in Erfahrung bringen lässt. Ein gutes Jahrhundert nach Auszug des Dichters und seiner Familie und nach etlichen anderen Bewohnern und deren nicht dokumentierten Umbauten lassen sich allenfalls Vermutungen über Hesses einstige Lebenswelt anstellen. Und *Fake Rooms* würden bei ihrer Entlarvung genau das gefährden, was die Besucher in solch einem Haus doch gerade erwarten und was diesem Ort erst seine besondere kulturelle Bedeutung gibt: die *Authentizität.*

Für Hesses Arbeitszimmer kommt zum zweiten noch ein Problem hinzu: Authentisch heißt nicht nur echt, sondern auch einzigartig. Doch die Uniformität von Schriftstellerzimmern, das immergleiche Arrangement von Schreibtisch, Stuhl, Pult, Bücherregal und

Schreibgerät, gefährdet die atmosphärische Einmaligkeit dieses wichtigsten Raums im Dichterhaus. Dem lässt sich dadurch abhelfen, dass man sich ganz auf die literarische Geschichte des jeweiligen Ortes einlässt und – wie in Gaienhofen – seriös und ohne Wenn und Aber die ganz konkrete Überlieferung von Gebäude, Dingen und Erzählungen zur Grundlage für die Gestaltung wählt, statt zur Notlösung *simulierter Originalzustand* oder *inszenierte Lebenswelt* zu greifen. Denn zum dritten stellt sich für die Zukunft von Dichterhäusern immer öfter und drängender die Frage, was an diesen Orten eigentlich das Wichtigste ist, was also wirklich authentisch sein muss: die Bausubstanz und die Dinge, das Materielle also, oder die literarischen Texte, die dort entstanden sind. Letztendlich ist es ja das *literarische* Ereignis, das den jeweiligen Ort zu einem ganz besonderen macht. Literarische Orte sollten zuallererst der Literatur und ihren Hintergründen gewidmet sein.

Im 19. Jahrhundert, von dessen Mitte an die ersten Dichterhäuser eingerichtet wurden, war das noch nicht so. Dichter wie Schiller oder Goethe wurden nicht allein wegen ihres Werkes, sondern auch und vor allem als wichtige Repräsentanten der Nation und des Bürgertums an ihren einstigen Lebensorten wie ›Heilige‹ verehrt. Dazu war die Inszenierung einer Lebenswelt ein probates Mittel, um – wie beim religiösen Vorbild – den abwesenden ›Heiligen‹ oder ›Messias‹ als *Anwesenden* erfahrbar zu machen, so als lebe sein Geist in seinen Räumen und in seinen Dingen weiter. Diesen politischen und sozialen Stellenwert haben Literatur und Dichter nicht mehr. Aber wir haben ihre wunderbaren Orte geerbt und dürfen und müssen diese als Orte eines phantasievollen und kreativen Umgangs mit der Sprache und als Orte kultureller Verständigung in die Zukunft bringen.

Um das zu bewirken, setzt auch die neue Gaienhofener Ausstellung – wo immer es möglich ist – auf authentische Konstellationen: im Zusammenspiel von Hesses Texten mit der räumlich-dinglichen Einrichtung. So etwa im Hinweis darauf, dass der Dichter selbst vermerkte, er hätte das Fachwerk mit eben jener braunroten Farbe gestrichen, die nun freigelegt wurde (S. 99); oder dass plötzlich – durch Sensoren ausgelöst – aus der Nähe leise Musik von Chopin ertönt, während der Besucher in einem Hesse-Notat liest, seine Frau Mia spiele im Nebenzimmer am Klavier Stücke dieses Komponisten; oder wenn – wie erwähnt – beim Betreten der stimmungsvollen Höri-Landschaft Hesse selbst sein Gedicht *Im Nebel* vorträgt; oder wenn jene »Ofenbehaglichkeit«, die der Dichter hier so ersehnt und so gefürchtet hat, durch ein lebensgroßes Bild unterstrichen wird, das die junge Familie mit Katze auf der Ofenbank eben an jener Stelle zeigt, an der der Ofen früher aufgestellt gewesen sein muss (S. 76). Solche Konstellationen lassen sich eben auch nur am authentischen Ort, am Ort der einstigen Ereignisse, erzeugen und führen zu einer einzigartigen Atmosphäre, zu ebenso sinnlichen wie geschichtsträchtigen Raumerlebnissen. Es ist dieser Ort, der der Ausstellung und Hesses Werk die größte kulturelle Kraft und Wirkung verspricht. Daher ist es ein Glücksfall, dass die *Gaienhofener Umwege* des Dichters nun endlich in seinem ersten Haus erlebbar werden.

IV.

Wer von Umwegen spricht, ist im *Hesse Museum Gaienhofen* am passenden Ort. Denn auch die Ausstellung zu Hesses Jahren am Bodensee fand nicht gleich ihr Ziel. Als der Leiter der Marbacher Arbeitsstelle für literarische Museen in Baden-Württemberg Thomas Scheuffelen und der Gaienhofener Bürgermeister Helmut

Hensler 1988 in der Gemeinde eine Ausstellung für den Dichter einrichten wollten, war das erste Haus Hesses noch bewohnt. Daher wurde das Museum nebenan, im alten Schul- und Rathaus, eingerichtet; neben der Hesse-Präsentation zeigte man Werke von Höri-Künstlern. Fünf Jahre später konnte die Gemeinde das alte Bauernhaus erwerben und der damals noch *Hermann Hesse-Höri-Museum* genannten Institution angliedern.
In Gaienhofen war die Freude groß, als die Schweizerische Nationalbibliothek Bern 1995 den Schreibtisch Hesses als Dauerleihgabe in jenes Haus zurückschickte, für das er einst gebaut worden war. Endlich – noch einmal knapp zwei Jahrzehnte waren mit Ideen und Planungen vergangen – konnte Hesse mit seinem Werk wieder in sein erstes Haus einziehen: Im Herbst 2013 startete dessen Neugestaltung als Kooperation zwischen der Gemeinde Gaienhofen, der Hochschule für Technik, Wirtschaft und Gestaltung Konstanz und erneut der Arbeitsstelle für literarische Museen in Baden-Württemberg, die – ebenso wie Hesses literarischer Nachlass – im Deutschen Literaturarchiv Marbach ihren Platz hat. Auf Grundlage eines umfassenden Konzepts der Ausstellungskuratoren präsentierten Architektur- und Grafik-Studierende vier verschiedene Gestaltungsentwürfe, die von einer Jury aus Literatur- und Museumsexperten, Hochschulprofessoren und Gemeindevertretern bewertet wurden. Die Gewinner des ersten Preises arbeiteten ihren Entwurf gemeinsam mit den Kuratoren weiter aus und setzten ihn mit regionalen Handwerkern um. Im Juni 2015 wurde die neue Ausstellung eröffnet.

V.

Umwege lassen sich vermeiden, wenn man gute Partner hat und auf sichere Erfahrungen und ein erprobtes Netzwerk zurückgreifen kann. Es ist ein symbolträchtiges Projekt, wenn der gestalterische Nachwuchs des Landes, hier Studierende aus Konstanz, an Europas größter literarischer Landschaft mitarbeitet – am *Literaturland Baden-Württemberg.* Aus diesem großen Netzwerk mit seinen fast einhundert literarischen Dauerausstellungen und Archiven stammen auch viele der Überlegungen zur Gestaltung zukunftsfähiger authentischer Personen-Erinnerungsorte: So haben sich in Gaienhofen auch Erfahrungen aus den Neukonzeptionen von Schillers Geburtshaus in Marbach und dem Hebelhaus in Hausen im Wiesental niedergeschlagen. Die innovative Gaienhofener Lösung wiederum strahlt vom *Hesse Museum* als bewährtem Ort einer atmosphärisch dichten Literaturvermittlung ins Land aus und hat bspw. auch die neue Ausstellung im Tübinger Hölderlinturm beeinflusst – sämtlich Dichterhäuser, die vom Deutschen Literaturarchiv Marbach aus in den letzten Jahren mitgestaltet worden sind.

Hermann Hesse erhält so aus Marbach etwas für seinen Anteil an der rasanten Entwicklung des heutigen Deutschen Literaturarchivs zurück. Diese unter dem Namen *Schwäbisches Schillerarchiv und -museum* im Jahr 1903 gegründete Institution kümmerte sich sogleich auch um die zeitgenössische Literatur und schrieb den jungen Landsmann und Erfolgsautor in Gaienhofen an. Und tatsächlich gab Hesse bereits im November 1906 ein Päckchen mit Büchern und Manuskripten am Bodensee auf; im August des Folgejahres verzeichnen die Marbacher Bestandsbücher den nächsten Zugang von Hesse-Papieren. Der Dichter ließ sich sozusagen in Echtzeit archivieren. Damit war Hesse einer der ersten Autoren des 20. Jahrhunderts – heute sind es weit mehr als 1.000 –, die zum Marbacher Bestandsprofil beigetragen haben. Über Gaienhofen und Marbach hinaus ist Hesse für das

Literaturland Baden-Württemberg nicht nur unverzichtbar, weil er dessen einziger Literaturnobelpreisträger ist, sondern vor allem, weil er auch in Calw, Kirchheim unter Teck, Tübingen und Maulbronn für die öffentliche Sichtbarkeit der Kulturtechnik Literatur sorgt – und das zumeist durch neugestaltete, moderne multimediale Ausstellungen. Unter all den Hesse-Orten, Montagnola in der Schweiz eingeschlossen, hat Gaienhofen jedoch weiterhin eine Sonderstellung. Gaienhofen ist privilegiert, weil es gleich zwei besondere Hesse-Häuser in seinen Ortsgrenzen beherbergt – das einzige, bei dem der Dichter selbst Bauherr war, und eben jene »erste legitime Werkstatt« seiner Schriftsteller-Existenz, die die Ausstellung heute zeigt.

Ute Hübner | Thomas Schmidt

SESSHAFT AUF ZEIT

BERN
BASEL
KARLSRUHE
STUTTGART
CALW
RHEIN
ZÜRICH
ZÜRICHSEE

Karlsruhe
Maulbronn
Cannstatt
Stuttgart
Göppingen
Calw
Bad Boll
Tübingen
Gaienhofen
Bodensee
Basel
Zürich
Zürichsee
Luzern
Bern
Vierwald-
stättersee
Lugano
Montagnola
Lago Maggiore

Als Hermann Hesse nach Gaienhofen kam, war er 27 Jahre alt. Bislang hatte er an neun verschiedenen Orten ein eher unstetes Leben geführt. Nach seiner Flucht aus der berühmten Maulbronner Klosterschule fand er nur mühsam an die Ränder des bürgerlichen Lebens zurück. Mit dem »Gaienhofener Umweg«, wie er seine Jahre am Bodensee später nannte, war die Hoffnung auf Stabilität und Beheimatung verbunden: Hier begann »die Zeit meines Lebens, in der ich nicht mehr zufällige und oft gewechselte Zimmer, sondern Häuser bewohnte«. Doch auch von hier ist er immer wieder ›geflohen‹: »Im vergangenen Jahr«, schrieb Hesse 1910, »war ich sechs Monate auf Reisen, im vorhergehenden fünf Monate, und eigentlich ist das für einen Familienvater, Landmann und Gärtner ziemlich reichlich«. Letztendlich ›entfloh‹ er sogar Richtung Indien. Als er die Höri 1912 für immer verließ, zog er in die Schweiz und lebte nach sieben Berner Jahren bis zu seinem Tod 1962 in Montagnola im Tessin. »Die Landschaft des Untersees«, heißt es zum Abschied, »wird mir zeitlebens fehlen, es sprechen an wenigen Orten so stark wie hier zu jedem Fenster herein See und Wald, Himmel und Wiese zu mir.«

Geburtshaus am Marktplatz

CALW 1877 – 1881

Geburt Hesses am 2. Juli als zweites Kind des Missionarsehepaars Johannes und Marie Hesse (geb. Gundert); Prägung durch ein ebenso gebildetes und weltoffenes wie pietistisch-strenges Elternhaus: »Wir lebten unter einem strengen Gesetz, das vom jugendlichen Menschen, seinen natürlichen Neigungen, Anlagen, Bedürfnissen und Entwicklungen sehr mißtrauisch dachte« (*Kurzgefaßter Lebenslauf*, 1925). Als Städtchen »Gerbersau« wird Calw in über 30 Erzählungen und Betrachtungen Hesses zum Schauplatz.

Gebäude der Missionsgesellschaft

BASEL 1881 – 1886

Umzug der Familie in die Schweiz; Hesses Vater wird Herausgeber des evangelischen Missionsmagazins, das europaweit verbreitet wurde; Hermann besucht die Knabenschule im Missionshaus.

Haus des Missionsverlags

CALW 1886 – 1889

Rückkehr in die Geburtsstadt (Juli); Einzug ins Haus des Missionsverlags, in dem später *Unterm Rad* geschrieben und das u.a. im Roman *Demian* zu einem wichtigen Schauplatz wird; Besuch des Gymnasiums.

Pension Schaible

GÖPPINGEN 1890/91

Ab Januar 1890 Besuch der Lateinschule zur Vorbereitung des Landexamens, das in Württemberg zur Ausbildung an einer der berühmten Klosterschulen berechtigt; Zimmer mit Kost und Logis in der Pension Schaible; erfolgreiches Landexamen im Juli 1891.

Kloster

MAULBRONN 1891/92

Im September 1891 Eintritt in das traditionsreiche Evangelische Seminar im Kloster zur Vorbereitung auf ein Theologiestudium, das die Eltern wünschen; Flucht aus dem Seminar und Rückkehr nach einem Tag im März 1892; verlässt die Schule im April auf Druck von Eltern seiner Mitschüler und der Lehrerschaft. Das Kloster als Bildungsanstalt und seine Architektur spielen in wichtigen Erzählungen Hesses (*Unterm Rad*, *Narziß und Goldmund*, *Das Glasperlenspiel*) eine oftmals positive Rolle.

Kur- und Heilanstalt

BAD BOLL 1892

Aufenthalt (Mai – Juni) zur Beobachtung seines Gemütszustands; Selbstmordversuch.

Nervenheilanstalt

STETTEN 1892

Einweisung in die Nervenheilanstalt (Juni – Oktober); Versuche der Familie, Hermann zurückzuholen, scheitern; erbitterte Auseinandersetzungen mit den Eltern: Der Konflikt gipfelt am 14. September in einem Brief an den Vater: »Aus dem ›lieben Hermann‹ ist ein andrer geworden, ein Welthasser, eine Waise, deren ›Eltern‹ leben.«

Gymnasium

CANNSTATT 1892/93

Mit Unterstützung des Vaters, der gleichwohl skeptisch bleibt und auf Disziplin beharrt, eigene Entscheidung, an ein Gymnasium zurückzukehren (ab November 1892); Abgang Juli 1893 mit dem Einjährig-Freiwilligen-Examen. Später schreibt Hesse an einen seiner Lehrer: »Ich bin seit Cannstatt ein Anderer geworden, ruhiger und klarer im Urteil, selbständiger«.

Buchhandlung Samuel Mayer
(von 1886 – 1896 in diesem Gebäude)

ESSLINGEN 1893

Beginn einer Buchhändlerlehre auf Vermittlung eines Onkels; Abbruch nach drei Tagen: »[M]ehr als vier Jahre lang ging alles unweigerlich schief, was man mit mir unternehmen wollte, keine Schule wollte mich behalten, in keiner Lehre hielt ich lange aus. Jeder Versuch, einen brauchbaren Menschen aus mir zu machen, endete mit Mißerfolg, mehrmals mit Schande und Skandal, mit Flucht oder mit Ausweisung« (*Kurzgefaßter Lebenslauf*, 1925).

Turmuhrenfabrik Perrot (Schornstein, Bildhintergrund) am Ufer der Nagold

CALW 1893 – 1895

Rückkehr in die Geburtsstadt; Praktikant in der Turmuhrenfabrik von Heinrich Perrot (14 Monate).

Buchhandlung und Antiquariat Heckenhauer

TÜBINGEN 1895 – 1899

Lehre in der Buchhandlung Heckenhauer, anschließend Sortimentsgehilfe; Überwindung der Lebenskrise; erste Gedichtveröffentlichungen in Zeitschriften; keine Anerkennung seiner literarischen Begabung durch die Familie.

— Gedichtsammlung *Romantische Lieder* (1898)

— Prosasammlung *Eine Stunde hinter Mitternacht* (1899)

Buchhandlung Reich

BASEL 1899 – 1904

Umzug in die Schweiz; ab September 1899 Mitarbeiter in der Buchhandlung Reich, dann bis zum Frühjahr 1903 im Antiquariat Wattenwyl; 1902 Tod der Mutter; Bekanntschaft mit Maria Bernoulli, die zusammen mit ihrer Schwester in Basel ein Atelier für Kunstfotografie führt; 1903 Aufgabe der Buchhändler- und Antiquariatstätigkeit; Einladung, im S. Fischer Verlag zu publizieren; am 2. August 1904 Heirat mit Maria Bernoulli.

— Bekenntnisbuch *Hinterlassene Schriften und Gedichte von Hermann Lauscher* (1901)
— *Peter Camenzind* (1904). Das Buch wird Hesses erster großer literarischer Erfolg.

Bauernhaus bei der Kirche

GAIENHOFEN 1904 – 1907

Einzug in ein schlichtes Bauernhaus; Wunsch nach einem naturnahem Leben abseits der Städte; Geburt des Sohnes Bruno (1905); reger Umgang mit Literatur-, Maler- und Musikerfreunden; zahllose Reisen; Mitbegründer der politisch-literarischen Halbmonatsschrift für deutsche Kultur *März* (Mitherausgeber 1906–1912); März–April 1907 Kur in Locarno und Aufenthalt bei den Anhängern des Vegetabilismus auf dem Monte Verità bei Ascona; Planung und Bau eines stattlichen Wohnhauses mit großem Garten am Rand von Gaienhofen.

Haus am Erlenloh

1907 – 1912

Einzug Ende 1907; Geburt der Söhne Heiner (1909) und Martin (1911); September – Dezember 1911 ›Flucht‹ vor der europäischen Zivilisation und der bürgerlichen Existenz: Reise mit dem Maler Hans Sturzenegger nach Niederländisch-Indien, Penang, Singapur und Südsumatra; vorzeitiger Abbruch; Einsicht in die Vergeblichkeit, ein bäuerlich-sesshaftes Leben führen zu können.

Werke mit Bezug auf Gaienhofen siehe: *Poetische Erträge* (S. 128–155)

Haus am Melchenbühlweg

BERN 1912 – 1919

September 1912 Übersiedlung der Familie in die Schweiz; Einzug in das Landhaus des verstorbenen Malerfreundes Albert Welti in Ostermundigen bei Bern.

— Reiseaufzeichnungen *Aus Indien* (1913)
— Künstlerroman *Roßhalde* (1914)

Bei Ausbruch des Ersten Weltkriegs Ablehnung als Kriegsfreiwilliger wegen »hochgradiger Kurzsichtigkeit«; sein an Künstlerkollegen gerichteter öffentlicher Mahnruf gegen Nationalismus und Chauvinismus (NZZ, 3. November 1914) löst eine Diffamierungskampagne in der deutschen Presse aus; 1915 Arbeit für die Kriegsgefangenenfürsorge der Deutschen Gesandtschaft in Bern; Hesse initiiert einen Buchversand in Gefangenenlager und gibt zwei Gefangenenzeitschriften heraus.

— Vagabundengeschichte *Knulp* (1915)
— Erzählungen *Am Weg* (1915)

1916 Tod des Vaters Johannes Hesse; schwere Nervenerkrankung bei Maria Hesse; Zusammenbruch Hesses; längere psychoanalytische Behandlung in Luzern bei dem Jung-Schüler Josef B. Lang; während der Therapie beginnt Hesse häufiger zu malen; Lang wird als Figur des Organisten Pistorius im *Demian* verewigt; der Autor bleibt ihm viele Jahre eng verbunden; Hesse sah »moralisch nur noch *eine* Existenzmöglichkeit« für sich: seine »literarische Arbeit allem andern voranzustellen« (*Beim Einzug in ein neues Haus*, 1931).

Casa Camuzzi

MONTAGNOLA 1919 – 1931

April 1919 Trennung von der Familie und Übersiedlung ins Tessin; Hesse nennt die Casa Camuzzi eine »noble Ruine«; Begegnung mit der 20 Jahre jüngeren Sängerin Ruth Wenger, die fünf Jahre später seine zweite Frau wird.

— Anonymer Aufruf an die deutsche Jugend *Zarathustras Wiederkehr* (1919)

— *Demian. Die Geschichte einer Jugend* (1919) erscheint unter Pseudonym, »um nicht die Jugend durch den bekannten Namen eines alten Onkels abzuschrecken« (An Samuel Fischer, 27. August 1919).

— Mitherausgeber der pazifistischen und lebensreformerischen Zeitschrift *Vivos voco*, im Dienst der Erneuerung deutscher Kultur nach dem Krieg

— Erzählband *Klingsors letzter Sommer* (1920)

— Kulturanalytische Dostojewski-Essays *Blick ins Chaos* (1921)

— *Siddhartha* (1922) als Resultat jahrelanger Beschäftigung mit fernöstlicher Kultur

Verenahof

BADEN BEI ZÜRICH 1923 – 1952

Mai bis Juni erstmals zur Kur im Verenahof, wo Hesse bis 1952 fast jährlich einige Wochen verbringt: »Angeregt teils durch die ungewohnte Muße des Kur- und Hotellebens, teils durch einige neue Bekanntschaften mit Menschen und Büchern fand ich eine Stimmung der Einkehr und Selbstprüfung, auf der Mitte des Weges vom Siddhartha zum Steppenwolf« (*Aufzeichnung bei einer Kur in Baden*, 1949).

— Autobiografische Aufzeichnung *Kurgast* (1925)

WEITERHIN MONTAGNOLA

Juli 1923 Scheidung von Maria Hesse; 1924 in Basel Annahme der Schweizer Staatsbürgerschaft und Eheschließung mit der Sängerin Ruth Wenger (11. Januar 1924); Scheidung auf deren Betreiben hin drei Jahre später; Juli 1927 zieht die aus der Bukowina stammende Kunsthistorikerin Ninon Dolbin, die Hesse bereits 1910, mit 14 Jahren, nach der Lektüre des *Peter Camenzind* einen ersten Brief geschrieben hatte, in Räume der Casa Camuzzi ein.

— Roman *Der Steppenwolf* (1927) als Bewältigung der erneuten existentiellen künstlerischen Krise

— *Krisis* (1928), Gedichtband zum *Steppenwolf*-Komplex
— Essay *Eine Bibliothek der Weltliteratur* (1929)
— Erzählung *Narziß und Goldmund* (1930)

Am Schanzengraben 31

ZÜRICH 1925 – 1931

Wegen schlecht beheizbarer Räume in der Casa Camuzzi erstmaliger Bezug des Zürcher Winterquartiers, das Hesse bis 1931 nutzt: »Mehr als die Hälfte von allem, was ich seit 1925 geschrieben habe, ist in den Zürcher Wintern entstanden.« (An Fritz und Alice Leuthold, 17. April 1932)

Casa Rossa

WEITERHIN MONTAGNOLA 1931 – 1962

Juli 1931 Einzug Hesses in die weitaus komfortablere Casa Rossa, die ihm sein Mäzen Hans C. Bodmer gebaut hat und lebenslang zur Verfügung stellt; 14. November Eheschließung mit Ninon Dolbin; ab 1933 wird das Haus zum Anlaufpunkt für zahlreiche deutsche Emigranten; als Autor gerät Hesse in Deutschland zunehmend zwischen die Fronten; NS-Regime verweigert Nachdrucke von Werken wie z. B. *Unterm Rad* und *Der Steppenwolf*; im Auftrag der Wehrmacht später aber Publikation zumeist älterer Gedichte und Erzählungen Hesses in NS-Besatzungszeitschriften oder als Frontbuchhandels- und Feldpostausgaben.

- Erzählung *Die Morgenlandfahrt* (1932)
- *Neue Gedichte* und Zeitgenossen gewidmete *Gedenkblätter* (1937) als eine Art Autobiografie
- *Das Glasperlenspiel* (1943), das zunächst nur in der Schweiz erscheint. In Deutschland wird der Druck durch das Reichspropagandaministerium verweigert.
- Politische Betrachtungen *Krieg und Frieden* (1946)

Zahlreiche Ehrungen und Preise, darunter u. a. 1946 Goethepreis der Stadt Frankfurt a. M.; Nobelpreis für Literatur; 1952 neben Brecht wichtigster Autor des neuen Suhrkamp Verlages, der aus dem S. Fischer Verlag hervorgegangen ist; 1954 Aufnahme in die Friedensklasse des Ordens *Pour le Mérite*; 1955 Friedenspreis des deutschen Buchhandels.

Friedhof Sant'Abbondio

GENTILINO 1962

Tod am 9. August in Montagnola

DER GELDGEBER

Gaienhofen ist ein ganz kleines schönes Dörflein, hat keine Eisenbahn, keine Kaufläden, keine Industrie … Dafür gibt es Stille, Luft und Wasser gut, schönes Vieh, famoses Obst, brave Leute … Ich bewohne ein gemietetes Bauernhäuschen, für das ich jährlich 150 Mark Miete bezahle … Es lebe Peter Camenzind! Ohne den hätte ich nicht heiraten und nicht hierher ziehen können. Er hat mir 2500.- Mark eingebracht, davon kann ich zwei Jahre leben, wenigstens wenn ich hierbleibe.

Hesse an Stefan Zweig, 11. September 1904

Gaienhofen ist ein ganz kleines schönes Dörflein, hat keine Eisenbahn, keine Kaufläden, keine Industrie ... Dafür gibt es Stille, Luft und Wasser gut, schönes Vieh, famoses Obst, brave Leute ... Ich bewohne ein gemietetes Bauernhäuschen, für das ich jährlich 150 Mark Miete bezahle ... Es lebe Peter Camenzind! Ohne den hätte ich nicht heiraten und nicht hierher ziehen können. Er hat mir 2500.- Mark eingebracht, davon kann ich zwei Jahre leben, wenigstens wenn ich hierbleibe.

Hesse an Stefan Zweig, 11. September 1904

Pete

Camenz

von

Herman

Hess

Der Roman *Peter Camenzind* war Hesses erster großer Erfolg. Hesse, der bereits mit 13 Jahren für sich entschied, »Dichter oder gar nichts« sein zu wollen, hatte zuvor nach teils dramatischen Irrwegen und gescheiterten Ausbildungsversuchen den Beruf eines Buchhändlers in Tübingen erlernt und dort seine ersten Gedichte veröffentlicht. Wenig später erschienen auch die ersten Bücher, darunter die *Hinterlassenen Schriften und Gedichte von Hermann Lauscher*. Der renommierte Verleger Samuel Fischer wurde auf diese zunächst unbeachtete Publikation aufmerksam und bestärkte den jungen Autor: »Es war die erste literatische Anerkennung und Ermunterung in meinem Leben.« Das ermutigte Hesse, den bereits begonnenen *Peter Camenzind* rasch zu beenden. Bereits im ersten Jahr erhielt das Buch fünf Auflagen und machte seinen Autor schlagartig berühmt. Der finanzielle Ertrag übertraf die Erwartungen bei weitem. Er ermöglichte ihm, zu heiraten und sich in Gaienhofen als freier Schriftsteller niederzulassen. Gegen eine Identifikation mit seiner Hauptfigur wehrte er sich allerdings: »Ich teile nur ungefähr seine Art zu denken und zu leben«.

DER ROMAN *PETER CAMENZIND* – AUTOBIOGRAFISCH?

Peter Camenzind ist die Bildungsgeschichte eines Schriftstellers, der seine Kindheit in einfachen dörflichen Verhältnissen auf den Bergmatten oberhalb des Vierwaldstätter Sees verbringt und danach in der Großstadt Zürich studiert. Dort findet er Zugang zu Literaten- und Künstlerkreisen und veröffentlicht selbst erste Texte. Wie viele von Hesses Figuren ist auch Camenzind ein Einzelgänger, der nach sich selbst und seinem Platz in der Welt sucht und sich dabei von beidem mehr und mehr entfernt. Gegen die vielen sozialen, künstlerischen und politischen Lebensmodelle in der Großstadt, die ihm völlig fremd bleiben, will er eine große Naturdichtung stellen, die aber über Entwürfe nicht hinauskommt. Eher notgedrungen kehrt Camenzind am Ende in seine dörfliche Heimat zurück. In der zivilisationskritischen Entgegensetzung von Dorf und Großstadt traf Hesse nicht nur den Nerv der Zeit, sondern formulierte auch für sich selbst ein Programm gegen die »schäbige Lächerlichkeit der modernen Kultur«, das seine eigene Entscheidung für die Höri und Gaienhofen vorbereitete. Später resümierte er: Ich »suchte ein Leben ohne Menschen, ohne Gegenwart, ohne Gesellschaft zu führen, suchte einen Weg vom Anschauen der Natur zum wirklichen Leben in ihr.«

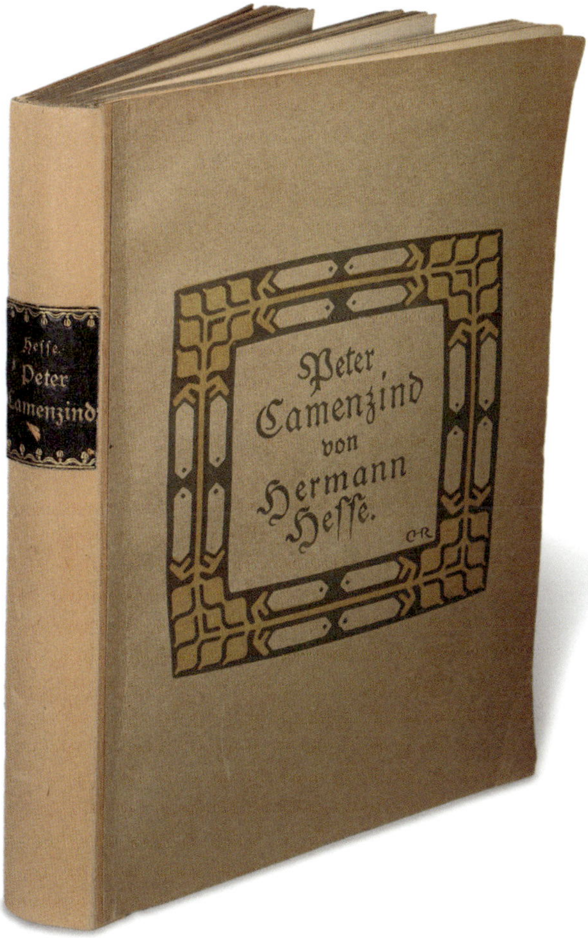

Der Einband der Erstausgabe (1904)
stammt von Franz Christophe.

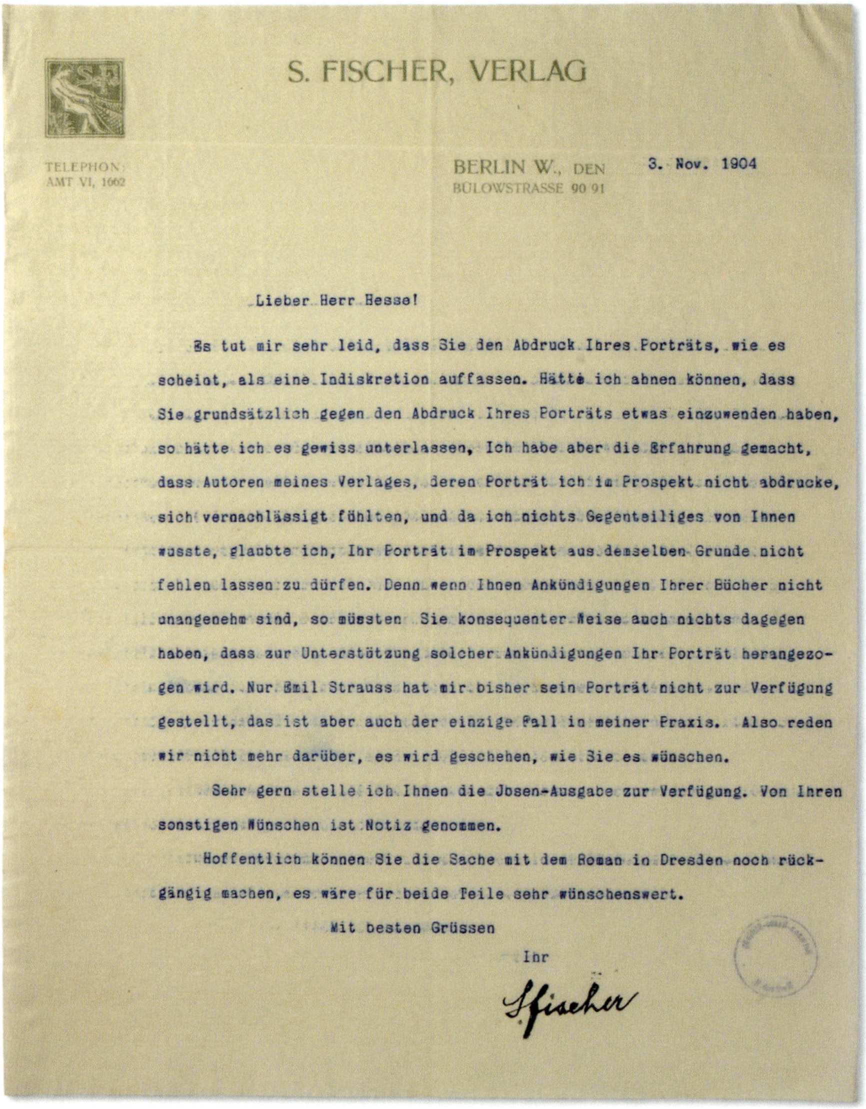

S. FISCHER, VERLAG

TELEPHON:
AMT VI, 1662

BERLIN W., DEN 3. Nov. 1904
BÜLOWSTRASSE 90 91

Lieber Herr Hesse!

Es tut mir sehr leid, dass Sie den Abdruck Ihres Porträts, wie es scheint, als eine Indiskretion auffassen. Hätte ich ahnen können, dass Sie grundsätzlich gegen den Abdruck Ihres Porträts etwas einzuwenden haben, so hätte ich es gewiss unterlassen, Ich habe aber die Erfahrung gemacht, dass Autoren meines Verlages, deren Porträt ich im Prospekt nicht abdrucke, sich vernachlässigt fühlten, und da ich nichts Gegenteiliges von Ihnen wusste, glaubte ich, Ihr Porträt im Prospekt aus demselben Grunde nicht fehlen lassen zu dürfen. Denn wenn Ihnen Ankündigungen Ihrer Bücher nicht unangenehm sind, so müssten Sie konsequenter Weise auch nichts dagegen haben, dass zur Unterstützung solcher Ankündigungen Ihr Porträt herangezogen wird. Nur Emil Strauss hat mir bisher sein Porträt nicht zur Verfügung gestellt, das ist aber auch der einzige Fall in meiner Praxis. Also reden wir nicht mehr darüber, es wird geschehen, wie Sie es wünschen.

Sehr gern stelle ich Ihnen die Ibsen-Ausgabe zur Verfügung. Von Ihren sonstigen Wünschen ist Notiz genommen.

Hoffentlich können Sie die Sache mit dem Roman in Dresden noch rückgängig machen, es wäre für beide Teile sehr wünschenswert.

Mit besten Grüssen

Ihr

S Fischer

Samuel Fischer an Hesse, 3. November 1904

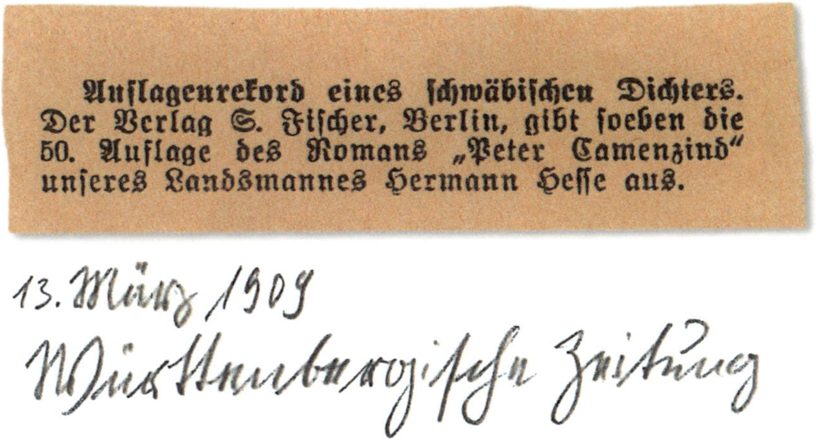

Auflagenrekord eines schwäbischen Dichters. Der Verlag S. Fischer, Berlin, gibt soeben die 50. Auflage des Romans „Peter Camenzind" unseres Landsmannes Hermann Hesse aus.

13. März 1909
Württembergische Zeitung

Eine Zeitungsnotiz über den anhaltenden Erfolg fand sich in Hesses Nachlass.

TRAUM VOM ANFANG

Etwas, was kein späteres Haus mehr zu geben hatte, macht dieses Bauernhaus mir lieb und einzigartig: Es war das erste! Es war die erste Zuflucht meiner jungen Ehe, die erste legitime Werkstatt meines Berufes, hier zum erstenmal hatte ich das Gefühl von Seßhaftigkeit, und eben darum auch zuweilen das Gefühl der Gefangenschaft, des Verhaftetseins an Grenzen und Ordnungen; hier zum erstenmal ließ ich mich auf den hübschen Traum ein, mir an einem Orte eigener Wahl etwas wie Heimat schaffen und erwerben zu können.

Beim Einzug in ein neues Haus (1931)

Etwas, was kein späteres Haus mehr zu geben hatte, macht dieses Bauernhaus mir lieb und einzigartig: Es war das erste! Es war die erste Zuflucht meiner jungen Ehe, die erste legitime Werkstatt meines Berufes. Hier zum erstenmal hatte ich das Gefühl von Seßhaftigkeit, und eben darum auch zuweilen das Gefühl der Gefangenschaft, des Verhaftetseins an Grenzen und Ordnungen. Hier zum erstenmal ließ ich mich auf den hübschen Traum ein, mir an einem Orte eigener Wahl etwas wie Heimat schaffen und erwerben zu können.

was, was kein späteres
Haus mehr zu geben hatte,
macht dieses Bauernhaus mir
lieb und einzigartig. Es war
das erste! Es war die erste
Zuflucht meiner jungen Ehe,
die erste legitime Werkstatt
meines Berufes, hier zum er-
stenmal hatte ich das Gefühl
von Seßhaftigkeit, und eben
darum auch zuweilen das
Gefühl der Gefangenschaft,
des Verhaftetseins an Gren-
zen und Ordnungen, hier zum
erstenmal ließ ich mich auf
den hübschen Traum ein, mir
an einem Orte eigener Wahl
etwas wie Heimat schaffen
und erwerben zu können.
Aus: Beim Einzug in ein neues Haus (1931)

Sein allererstes Haus konnte Hermann Hesse von einem Bauern sehr günstig mieten. Es hatte fünf zugige Stuben, die nicht alle beheizbar waren. Zu Hesses Zeit wurde das Wohnhaus von der Rückseite her betreten. Vom Flur aus gelangte man in zwei Stuben, in die Küche und in den Keller, über eine »primitive Brettertreppe« ins Obergeschoss. Der Durchgang zu Scheune und Stall war damals wohl versperrt. Die Gestalt der Zimmer hat sich in den 80 Jahren nach dem Auszug der Familie mehrfach geändert: Bis 1993 diente das Haus als Wohnraum. Einiges zum Aussehen und zur Funktion der Räume lässt sich aber aus Hesses Texten rekonstruieren. Ausfindig gemacht hatte das Bauernhaus seine Frau Maria. Aus Basel stammend, wollte sie in der Nähe ihrer schweizerischen Heimat bleiben und suchte per Inserat eine Wohnung am badischen Teil des Bodensees. Sie ließ das Gebäude vom befreundeten Architekten Hans Hindermann, der später Hesses zweites Gaienhofener Domizil bauen wird, inspizieren und schloss den Mietvertrag ab. Der Autor selbst schrieb währenddessen in Calw an seinem autobiografischen Roman *Unterm Rad*.

Die Vorderseite des Bauernhauses um 1905,
vom Dorfplatz aus gesehen

Hesses erster Sohn Bruno wurde 1905 geboren. Der Brunnen vor dem Haus diente der Familie zur Wasserversorgung.

Nagel um Nagel in diesen Stuben
habe ich selber eingeschlagen, und es
waren nicht gekaufte Nägel, sondern
die Kistennägel von unsrem Umzug, die
ich Stück für Stück auf unsrer steiner-
nen Hausschwelle geradegeklopft hatte.

Beim Einzug in ein neues Haus (1931)

Nagel um Nagel in diesen Stuben
habe ich selber eingeschlagen, und es
waren nicht gekaufte Nägel, sondern
die Kistennägel von unsrem Umzug, die
ich Stück für Stück auf unsrer steiner-
nen Hausschwelle geradegeklopft hatte.

Beim Einzug in ein neues Haus (1931)

Aus den Fenstern seines Arbeitszimmers im ersten Stock sah Hesse nicht nur die Mauritiuskapelle am Dorfplatz, sondern auch – an jedem nebelfreien Tag – den Untersee und das entfernte Schweizer Ufer.

Unter dieses Bild schrieb Hesse: »Strand in Gaienhofen mit meinem Ruderboot«. Das Boot nutzte er u. a. für Einkäufe in der Schweiz und Ausflüge.

Das badische Ufer der Höri war »durch keine Bahn, durch keine Straße, durch keine Kaimauer ... geschädigt«, so Hesse in *Untersee* (1911).

Gaienhofener Gasse um 1900

IDYLLE IM NEBEL

IM NEBEL

Seltsam, im Nebel zu wandern!
Einsam ist jeder Busch und Stein,
Kein Baum sieht den andern,
Jeder ist allein.

Voll von Freunden war mir die Welt,
Als noch mein Leben licht war;
Nun, da der Nebel fällt,
Ist keiner mehr sichtbar.

Wahrlich, keiner ist weise,
Der nicht das Dunkel kennt,
Das unentrinnbar und leise
Von allen ihn trennt.

Seltsam, im Nebel zu wandern!
Leben ist Einsamsein.
Kein Mensch kennt den andern,
Jeder ist allein.

IM NEBEL

Seltsam, im Nebel zu wandern!
Einsam ist jeder Busch und Stein,
Kein Baum sieht den andern,
Jeder ist allein.

Voll von Freunden war mir die Welt,
Als noch mein Leben licht war;
Nun, da der Nebel fällt,
Ist keiner mehr sichtbar.

Wahrlich, keiner ist weise,
Der nicht das Dunkel kennt,
Das unentrinnbar und leise
Von allen ihn trennt.

Seltsam, im Nebel zu wandern!
Leben ist Einsamsein.
Kein Mensch kennt den andern,
Jeder ist allein.

Hermann Hesse zog 1904 an den Untersee, weil er hier »ein ländliches, einfach-aufrichtiges, natürliches, unstädtisches und unmodisches Leben zu führen« hoffte. Beeinflusst wurde diese Entscheidung durch die Ideen der zivilisationskritischen Lebensreform-Bewegung, die gegen Industrialisierung und anonymisierende Großstadterfahrung das Landleben neu entdeckte. Gaienhofen, das damals 300 Einwohner zählte, schien dafür bestens geeignet. Es hatte keine bequeme Verkehrsanbindung, keine Wasserversorgung und war nicht ans Stromnetz angeschlossen; bis auf einen Bäcker gab es auch keine Einkaufsmöglichkeiten.
Mit seiner Frau Maria bezog Hesse wenige Tage nach beider Hochzeit das neben Schule und Kapelle gelegene Bauernhaus am Dorfplatz. Bereits in seinem zweiten Jahr in Gaienhofen entstand das Gedicht *Im Nebel*, das zu Hesses bekanntesten zählt. Angeregt von einer alltäglichen Naturerscheinung am See, formuliert es eine existentielle Erfahrung, die angesichts der mit der Höri verbundenen Hoffnungen und der gerade geschlossenen Ehe dramatisch anmutet.

POSTAMT UND TURNVEREIN

Mit Hesses wachsender Anerkennung als Schriftsteller stieg auch die Notwendigkeit, mit seinem Verleger Samuel Fischer in Berlin oder Kollegen wie Stefan Zweig korrespondieren zu können. So formulierte er bereits kurz nach seinem Zuzug einen Antrag für eine Poststelle im Dorf, dem vom zuständigen Bezirksamt entsprochen wurde. Eine weitere Initiative zur Entwicklung Gaienhofens, an der er sich beteiligte, war die Gründung des Turnvereins am 1. Mai 1907. Hatte er als Schüler der berühmten Klosterschule in Maulbronn noch an seine Eltern geschrieben, dass man beim Turnen »nicht am Leben bleiben« könne, so spielte die »Körperkraft« – darin seinem Helden Peter Camenzind nicht unähnlich – während der Zeit am See eine nicht zu unterschätzende Rolle: Hesse ruderte, schwamm und kletterte nackt in den Alpen. Das alles zählte zu den Praktiken der Lebensreform, die ein möglichst naturnahes, körperbetontes Leben anstrebte. Mit seinem Engagement trug Hesse einerseits zur Entwicklung des Dorfes bei, untergrub andererseits aber auch das Fundament für seine Entscheidung, hier unter einfachsten Bedingungen leben zu wollen.

Hesse an den Prager Schriftsteller und Freund Franz Kafkas, Max Brod, 9. Oktober 1910

Hochgeschätzter Herr!
Eben habe ich zwei Stunden mit ihrem lyrischen Tagebuch hingebracht …

Die Ehrenurkunde des Gaienhofener Turnvereins für Hermann Hesse hat sein Freund Otto Blümel 1912 gezeichnet. Die Hanteln stammen aus Hesses Besitz.

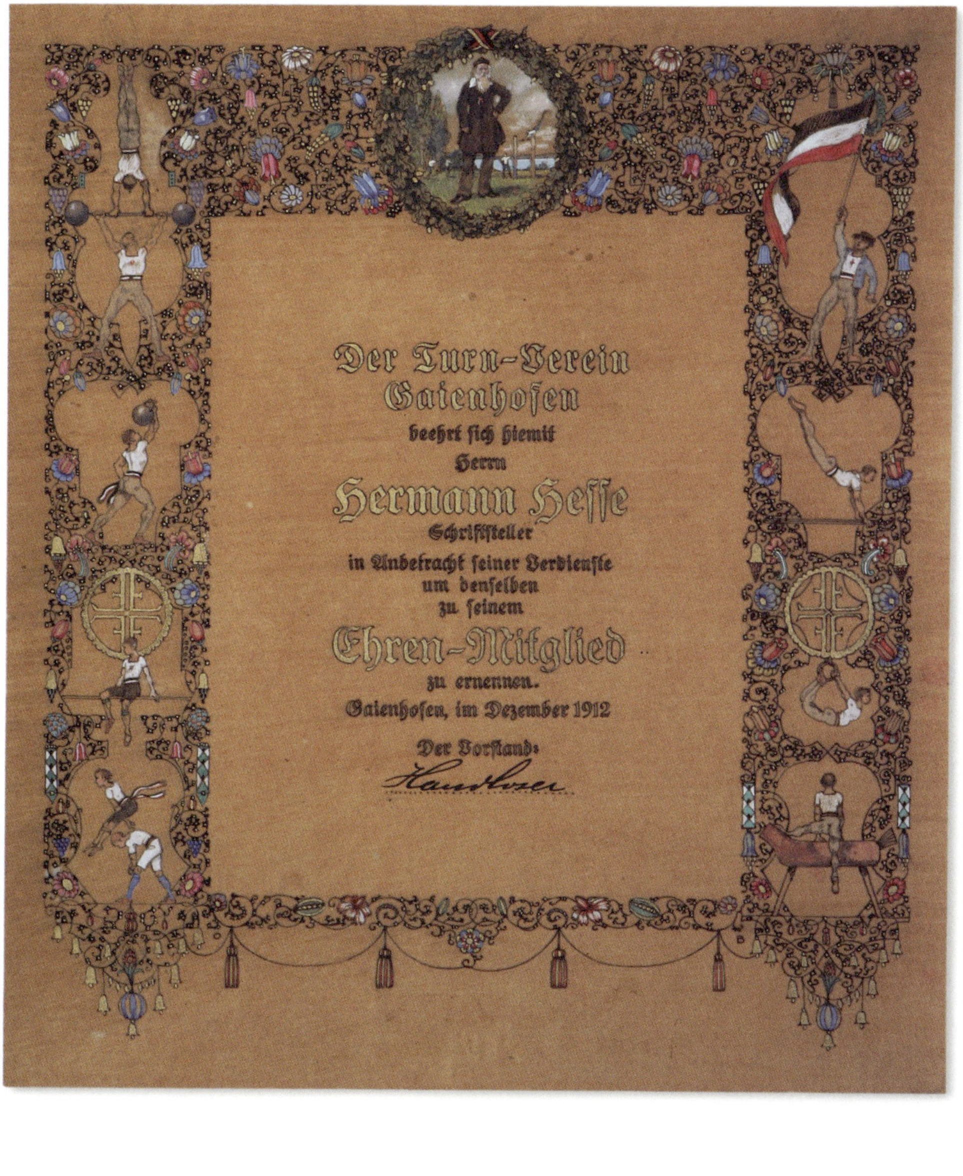
Der Turn-Verein
Gaienhofen
beehrt sich hiemit
Herrn
Hermann Hesse
Schriftsteller
in Anbetracht seiner Verdienste
um denselben
zu seinem
Ehren-Mitglied
zu ernennen.
Gaienhofen, im Dezember 1912
Der Vorstand:

UNTERWEGS ZUM BÜRGER

Seit die Ofenbehaglichkeit anfing ... befällt mich öfters ein Zorn über dies bequeme Hinleben. ... Dann tut mir das Herz im Leibe weh, daß ich kein Einsamer und Wanderer mehr bin, und ich gäbe mein bißchen Haus und Glück und Behagen gern für einen alten Hut und Ranzen, um noch einmal die Welt zu grüßen und mein Heimweh über Wasser und Land zu tragen.

Im Philisterland (1904)

Seit die Ofenbehaglichkeit anfing ... befällt mich öfters ein Zorn über dies bequeme Hinleben. ... Dann tut mir das Herz im Leibe weh, daß ich kein Einsamer und Wanderer mehr bin, und ich gäbe mein bißchen Haus und Glück und Behagen gern für einen alten Hut und Ranzen, um noch einmal die Welt zu grüßen und mein Heimweh über Wasser und Land zu tragen.

Im Philisterland (1904)

DIE KOSTEN

Die Wohnstube Hesses hatte eine alte Wandverkleidung »von unbemaltem Tannenholz, und neben dem gediegenen Ofen war eine sogenannte *Kunst*: ein Stück Wand war dort, oberhalb einer rohen Sitzbank, mit grünen alten Kacheln bekleidet, die vom Herdfeuer der Küche her erwärmt wurden.« In dieser »Ofenbehaglichkeit« haben sich die Hoffnungen des Anfangs nach und nach verloren; das neue Leben gestaltete sich alles andere als einfach. Die innere Zerrissenheit und Unbehaustheit, die Hesses Jugend geprägt hatte, ließ sich auch hier nur selten überwinden. Die Verpflichtungen, die er als Ehemann und nach der Geburt des ersten Sohnes Bruno als Familienvater eingehen musste, führten mitunter zu einem »Gefühl der Gefangenschaft«; und sie störten auch seine literarische Kreativität. Einen Ausweg aus diesem Dilemma boten ihm seine vielen kleinen Fluchten nach München oder in die Schweiz – und ebenso die Kuren, wie jene radikal vegetarische von 1907 auf dem Monte Verità, über die er schrieb: »Ich hatte den unentbehrlichen instinktiven Glauben an die Willensfreiheit nahezu verloren und genese nun hier langsam und recht wohlig zu einem sanskülotten Urzustande zurück!«

DIE KOSTEN

Das Haushaltsbuch umfasst die Jahre 1904 bis 1913. Es wurde von Hesse selbst geführt, nicht von seiner tatkräftigen Frau Maria. Hesse verzeichnete darin einerseits Ausgaben für Dinge, die die Familie im abgelegenen Dorf zum Leben benötigte und die per Boot aus der gegenüberliegenden Schweiz oder mit dem Zug aus Konstanz geholt wurden. Anderes lieferten Händler an – wie etwa den Wein, der vom Nordufer des Bodensees kam. Auch die Beschaffung von Einrichtungsgegenständen wie dem Schreibtisch wird von Hesse vermerkt. Andererseits listete er aber auch die Auflagen seiner Bücher und die Einnahmen aus seiner schriftstellerischen Tätigkeit auf, mit der er die Existenz seiner Familie sichern musste: »Und nun beginnt die Ehe mein Leben vollends zu ändern, indem sie wenigstens dem ewigen Wandern und Zigeunern ein Ende macht«, konstatierte er: »Ich muß regelmäßiger arbeiten, um für den Haushalt zu sorgen«.

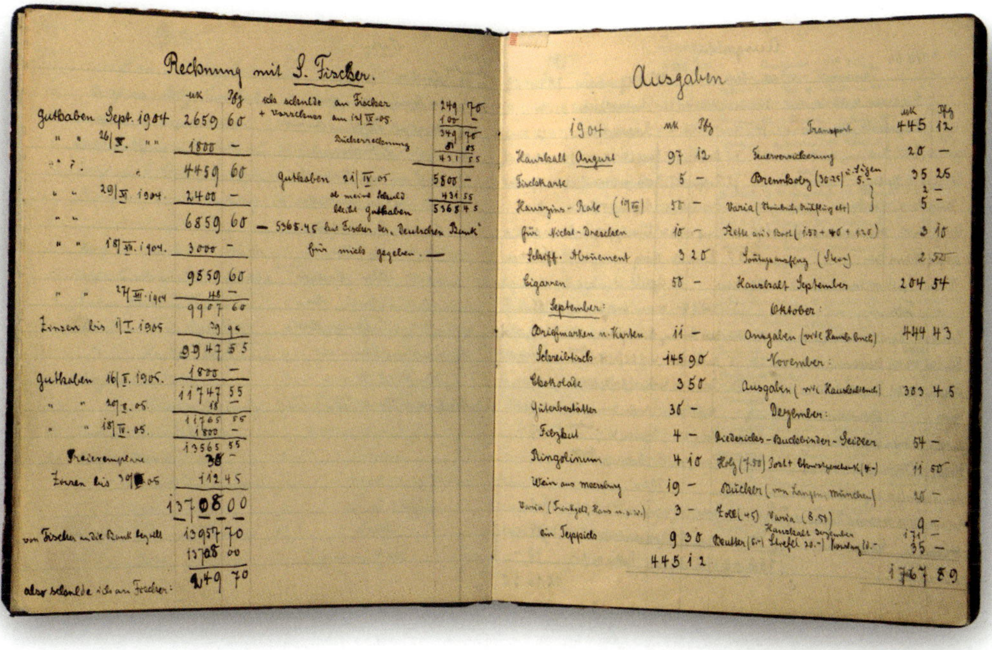

Im Haushaltsbuch notierte Hesse auch die Kosten für seinen Schreibtisch (rechte Seite, linke Spalte), die genauso hoch waren wie eine Jahresmiete des Bauernhauses.

Silberner Serviettenring aus der Gaienhofener Zeit mit Hermann Hesses Initialen

Mia Hesse mit Sohn Bruno und der Dichter
mit Kater Gattamelata auf der Ofenbank im
ersten Wohnhaus, um 1905

KEIN BILDERVERBOT

Die Ölporträts aus der Gaienhofener Zeit zeigen ein sich wandelndes Selbstverständnis Hesses. 1905 ließ er sich von dem befreundeten Künstler Ernst Würtenberger in Zürich malen – nach der gerade gewählten antibürgerlichen Lebensart zwanglos im derben Pullover. Vier Jahre später saß er in Frankfurt Ottilie Roederstein Modell – seriös und nach gesellschaftlichen Konventionen gekleidet. Dieses Bild schenkte der Dichter seiner Frau Maria. Waren die beiden intimen Porträts eher für private Räume gedacht, so hatte Hesse gegen die Abbildung seiner Person für die Öffentlichkeit erhebliche Vorbehalte. 1907 schrieb er an seinen Verleger Samuel Fischer, der mit der Fotografie seines Erfolgsautors werben wollte: »Das Publikum ist ohnehin so anspruchsvoll gegen seine *Lieblinge* und sucht sie so zu tyrannisieren daß man nichts unnötig preisgeben sollte, auch nicht seine Visage.« Seine wachsende Bekanntheit raubte ihm viel Zeit; zudem wollte er auch nicht mit seinen Figuren identifiziert werden. Nur drei Jahre später, 1910, wird die Fotografin Gret Widmann eine Porträtserie mit Hesse beginnen, die bis heute das Bild des Dichters mitbestimmt.

Gret Widmann (1875–1931) fotografierte Hesse in ihrem Atelier in Rüschlikon nach 1910 auch noch 1926 und 1929.

Porträt von Ernst Würtenberger,
Tempera auf Karton, 1905

Porträt von Ottilie Roederstein,
Öl auf Leinwand, 1909

EHE IM ABSEITS

Dies war mein Studierzimmer, darin stand der große Schreibtisch, den ich mir hatte bauen lassen und den ich als einziges Stück von damals noch heute habe, auch ein Stehpult stand wieder darin, und alle Wände voll von Büchern. Trat man ein, so mußte man auf die hohe Balkenschwelle achten; wer das außer acht ließ, stieß sich in der niedrigen Türe den Kopf an, es ist manchem passiert. Der junge Stefan Zweig mußte bei seinem Besuch sich erst eine Viertelstunde hinlegen und erholen, ehe er sprechen konnte, er war zu rasch und enthusiastisch eingetreten, als daß ich ihn noch vor der Schwelle hätte warnen können.

Beim Einzug in ein neues Haus (1931)

Dies war mein Studierzimmer, darin stand der große Schreibtisch, den ich mir hatte bauen lassen und den ich als einziges Stück von damals noch heute habe, auch ein Stehpult stand wieder darin, und alle Wände voll von Büchern. Trat man ein, so mußte man auf die hohe Balkenschwelle achten; wer das außer acht ließ, stieß sich in der niedrigen Türe den Kopf an, es ist manchem passiert. Der junge Stefan Zweig mußte bei seinem Besuch sich erst eine Viertelstunde hinlegen und erholen, ehe er sprechen konnte, er war zu rasch und enthusiastisch eingetreten, als daß ich ihn noch vor der Schwelle hätte warnen können.

Beim Einzug in ein neues Haus (1931)

Heute ist mein neues Buch
hat mir viel zu schaffen
wenigstens einstweiliger.
Problem, das mich praktisch
unglückliche Ehe, von der
nicht nur auf einer falschen
dem Problem der
ob überhaupt ein Künstler
das Leben nicht nur
möglichst objektiv betrachten

»Das kleinere Zimmer daneben war das meiner Frau, dort stand ihr Klavier und Schreibtisch«, erinnerte sich Hesse 1931. Maria Hesse, genannt Mia, war nicht nur eine passionierte Klavierspielerin, sondern auch eine der ersten Berufsfotografinnen der Schweiz. Mit ihrer Schwester Mathilde betrieb sie bis zu ihrer Heirat ein Atelier für Kunstfotografie in Basel. Hesse und die neun Jahre ältere Maria Bernoulli hatten sich 1902 in Baseler Künstlerkreisen kennengelernt und danach auf einer Italienreise zueinander gefunden. Diese Frau, schrieb der Schriftsteller an einen Freund, sei ihm »an Bildung, Lebenserfahrung und Intelligenz mindestens ebenbürtig … und in jeder Hinsicht eine selbständige, tüchtige Persönlichkeit.« Mit der begeisterten Bergsteigerin und Skifahrerin teilte Hesse auch die Freude an einem naturnahen, körperbetonten Leben. Mias Vater allerdings, der Jurist und Musikaliensammler Fritz Bernoulli-Gengenbach, der Hesses *Peter Camenzind* gelesen hatte und den Weinkonsum darin missbilligte, sprach sich ausdrücklich gegen die Eheschließung aus: »Ihren Beruf zum Schriftsteller kann ich nicht anerkennen.«

FREIWILLIG EINGEMAUERT?

Im Roman *Roßhalde*, den Hesse am Ende seiner Gaienhofener Jahre zu schreiben begann, verarbeitete er auch seine Erfahrungen am Bodensee. In einer Art Kammerspiel erzählt er die Geschichte der missglückten Ehe zwischen dem erfolgreichen Maler Johann Veraguth und seiner Frau Adele. Allein der jüngere Sohn Pierre hält diese »erstarrte und verkümmerte« Beziehung noch zusammen. Das Angebot einer Reise ins Sehnsuchtsland Indien, das ihm sein bester Freund macht, nimmt Veraguth erst nach längerem Zögern an. Als sein Sohn dann unmittelbar nach diesem Entschluss schwer erkrankt und alsbald stirbt, entscheidet er sich, auch seine Beziehung zu beenden und das Landgut für immer zu verlassen. Am Ende des Romans entsagt Veraguth allen Hoffnungen auf Liebe und Glück. In »unbeirrbarer Einsamkeit« will er sich nur noch seiner Künstlerexistenz widmen, die »kein Tasten und dämmerndes Irren mehr sein durfte, sondern ein steiler, kühner Weg bergan«. Während Hesse in der Figur dieses Künstlers, der das »Leben eines freiwillig Eingemauerten« geführt hat, auch mit sich selbst ins Gericht geht, zeichnet er den weiblichen Charakter mit Diskretion und Respekt.

Den Einband der Erstausgabe von *Roßhalde* (1914) gestaltete Emil Rudolf Weiss, wie schon bei *Unterm Rad*.

Mia Bernoulli mit Fototasche
1903 in Basel

Mia und Hermann Hesse
am Bodensee-Ufer in Gaienhofen

Mia und Hermann Hesse (Mitte)
bei einem Ausflug der Gesellschaft
Kunstfreunde in den Ländern am Rhein 1905 vor der Sektkellerei
Kupferberg in Mainz

Der Grafiker Max Bucherer, Hesses Sohn Bruno, Mias Schwester Mathilde, der Schriftsteller Ludwig Finckh und Mia Hesse (v. l.) 1906 im Garten des Gaienhofener Finckh-Hauses

Mia Hesse und Bruno 1907 auf dem »Grasfleck« neben dem Bauernhaus

KUNST UNTER FREUNDEN

Was Sie über Literaten und andere Künst-
ler sagen, ist mir aus der Seele geredet,
auch mir ist unter Kollegen nie so wohl
wie unter Malern, welche ich übrigens auch
den Musikern meist vorziehe.

Hesse an Helene Voigt-Diederichs, 21. April 1900

Was Sie über Litteraten und andere Künstler sagen, ist mir aus der Seele geredet, auch mir ist unter Kollegen nie so wohl wie unter Malern, welche ich übrigens auch den Musikern meist vorziehe.

Hesse an Helene Voigt-Diederichs, 21. April 1900

Als Maler war Hesse in seinen Jahren am Bodensee allenfalls tätig, um im Schlafzimmer »das Fachwerk mit roter Farbe« zu streichen. In seinen Texten jedoch spielen sowohl die bildende als auch die Ton-Kunst eine wichtige Rolle. So wie Veraguth im Ehe-Roman *Roßhalde* ist später auch die Hauptfigur der Novelle *Klingsors letzter Sommer* ein Maler, der als Hesses Alter Ego die Existenz- und Schaffensprobleme des Künstlers aushalten muss. Auch die Ton-Kunst nutzt Hesse, der sich von der am See entstandenen Erzählung *Gertrud* bis zum letzten Roman *Das Glasperlenspiel* als Musikkenner zeigt, um die Lebensnöte des Künstlers zu behandeln. Die persönliche Nähe zu Malern und Musikern hatte für Hesse während der Gaienhofener Jahre einen größeren Reiz als die eigene Praxis in diesen Künsten. Er verkehrte im Künstlerkreis seines Freundes Hans Sturzenegger im nahen Schaffhausen und reiste oft nach München, wo er sich u. a. mit dem bekannten Zeichner Olaf Gulbransson befreundete. Gegenbesuche wie die Gulbranssons, anderer Künstler, Verleger und Schriftsteller machten Gaienhofen zeitweilig zu einem kleinen kulturellen Zentrum am See.

TÖNE UND TEXTE

Zu seinem 9. Geburtstag bekam Hesse von seinen Eltern eine Geige geschenkt, »und von diesem Tage an«, erinnerte er sich, »hatte ich ein Abseits, eine innere Heimat, eine Zuflucht«. In Gaienhofen musizierte eher seine Frau Mia. Er selbst pflegte hier produktive Beziehungen zu Musikern – unter ihnen Alfred Schlenker, eigentlich sein Zahnarzt, der aber auch glänzend Klavier spielte und komponierte. Für dessen Oper *Die Flüchtlinge* schrieb Hesse das Libretto: »hingeworfen mit einer ahnungslosen Frechheit, wie man sie nur in der sorglosen Jugend und in der anregenden Luft einer lebhaften Freundschaft besitzt«. Durch Schlenker lernte er den Komponisten Othmar Schoeck kennen, der bereits einige seiner Gedichte vertont hatte; insgesamt sollten es 23 werden. Obgleich Hesse gegenüber Vertonungen eher skeptisch war, fand er bei ihm »nirgends das leiseste Mißverständnis des Textes«. Schoeck wurde am Ende der Gaienhofener Zeit zu jenem »musikalischen Freund«, den Hesse lange vermisst hatte und von dem er sich »Musikwerke aller Art rekapitulierend, kürzend und gelegentlich erläuternd« vorführen lassen konnte. 1911 wanderten die Freunde durch Italien.

Eine Geige begleitete Hesse auch
nach Gaienhofen.

Hesse mit Othmar Schoeck
im April 1911 unterwegs nach
Castiglione (Umbrien)

1952 vertonte Othmar Schoeck Hesses Gedicht *Im Nebel* (Noten für Singstimme und Klavier, 1965).

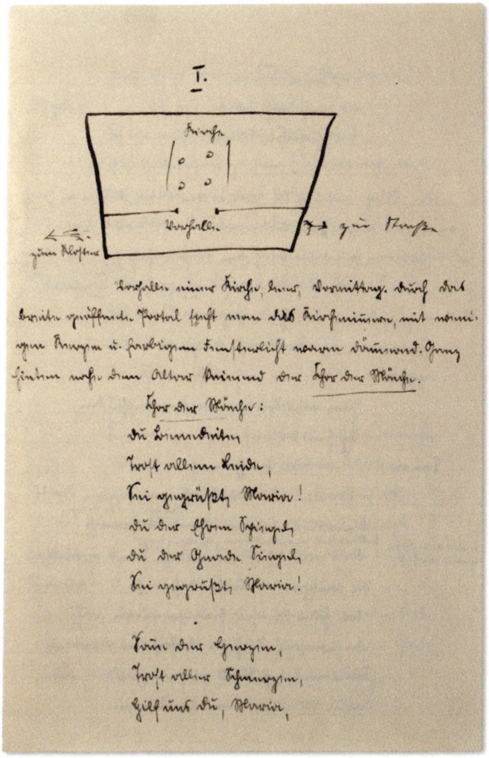

Für die Oper *Die Flüchtlinge* von Alfred Schlenker verfasste Hesse 1909/10 das Libretto.

BILDER UND BÜCHER

Hesse ist in Gaienhofen ein Gelegenheitsmaler gewesen. War sein Interesse an der bildenden Kunst zuvor in Basel durch Museumsbesuche geweckt worden, so hat er erst nach der Zeit am See ernsthaft mit Pinsel und Farbe gearbeitet: Sein Therapeut Josef Bernhard Lang hatte ihm das Malen zur Krisenbewältigung empfohlen. Die Jahre auf der Höri indes waren durch Bekanntschaften mit Künstlern bestimmt, auch weil Hesse sehr viel an der schönen Ausstattung seiner Bücher lag. So entwarf der vielseitig begabte Otto Blümel, mit dem der Dichter lebenslang befreundet blieb, den Einband für den Roman *Gertrud* und den Innentitel für die Gedichtauswahl *Unterwegs*. Zu den Künstlerfreunden der Gaienhofener Zeit zählten ebenso Max Bucherer und Albert Welti. Unter Bucherers Holzschnitten zum Untersee findet sich auch ein sehr persönliches Blatt, gestaltet nach einer Fotografie Hesses mit seinem Sohn Bruno. Für eine posthume Welti-Monografie verfasste Hesse später die Einführung, und das »verwahrloste Aristokratengütchen« Weltis in Bern, das die Familie Hesse nach dem Abschied vom Bodensee bewohnte, hielt er im Aquarell fest.

Hesses Gedichtband *Unterwegs* (1911) mit Otto Blümels Gestaltung

Das Welti-Haus bei Bern, Aquarell von Hermann Hesse

Die fotografische Vorlage für Max
Bucherers Holzschnitt von 1907
stammt vermutlich von Mia Hesse.

Hermann Hesse u. Bruno i. Sonnenbad

ORT ZUM SCHREIBEN

Dies war mein Studierzimmer, darin stand der große Schreibtisch, den ich mir hatte bauen lassen und den ich als einziges Stück von damals noch heute habe, auch ein Stehpult stand wieder darin, und alle Wände voll von Büchern. Trat man ein, so mußte man auf die hohe Balkenschwelle achten; wer das außer acht ließ, stieß sich in der niedrigen Türe den Kopf an, es ist manchem passiert. Der junge Stefan Zweig mußte bei seinem Besuch sich erst eine Viertelstunde hinlegen und erholen, ehe er sprechen konnte, er war zu rasch und enthusiastisch eingetreten, als daß ich ihn noch vor der Schwelle hätte warnen können.

Beim Einzug in ein neues Haus (1931)

Dies war mein Studierzimmer, darin stand der große Schreibtisch, den ich mir hatte bauen lassen und den ich als einziges Stück von damals noch heute habe, auch ein Stehpult stand wieder darin, und alle Wände voll von Büchern. Trat man ein, so mußte man auf die hohe Balkenschwelle achten; wer das außer acht ließ, stieß sich in der niedrigen Türe den Kopf an, es ist manchem passiert. Der junge Stefan Zweig mußte bei seinem Besuch sich erst eine Viertelstunde hinlegen und erholen, ehe er sprechen konnte, er war zu rasch und enthusiastisch eingetreten, als daß ich ihn noch vor der Schwelle hätte warnen können.

Beim Einzug in ein neues Haus (1931)

Der erste und einzige Schreibtisch, den Hesse sich anfertigen ließ, fand in seinem ersten Arbeitszimmer sein erstes Domizil. Hier stand er drei Jahre. Von hier aus führte der immer bekannter werdende Schriftsteller seine umfangreiche Korrespondenz mit Verlagen und Kollegen. Hier verfasste der pflichtbewusste Arbeiter Erzählungen und Betrachtungen, die umgehend veröffentlicht wurden. Hier schrieb er jene Gedichte ins Reine, die er bei Ausflügen und Spaziergängen im Nebel schnell notiert hatte. Hier sortierte er auch jene »unnützen Bücher und Massen von Zeitschriften« aus, die er als Literaturkritiker nicht des Rezensierens oder Lesens für würdig hielt. Der wachsende Erfolg – *Peter Camenzind* und der neue Roman *Unterm Rad* erhielten eine Auflage nach der anderen – hatte ihn zu einem umworbenen Autor und zu einem gefragten Rezensenten gemacht. Hesse indes wollte eigentlich nicht »Mode« und prominent sein, glaubte er sich doch in der Rolle des Außenseiters und Einzelgängers gut beheimatet.

EIN TISCH FÜRS LEBEN

Hesses Schreibtisch wurde drei Wochen nach seinem Einzug im Sommer 1904 in seinem Arbeitszimmer aufgestellt. Im Frühjahr hatte er bei dem Münchner Maler und Architekten Hermann Haas ein ähnliches Möbel gesehen und ihn um ebenso einen »schlichten, rohen Schreibtisch« gebeten: »Denn eine komfortable Studierzimmereinrichtung ... kann ich jedenfalls doch erst in einigen Jahren mir leisten. Einstweilen richte ich mich praktisch und billigst ein.« Das schrieb Hesse, kurz bevor sich der schriftstellerische Erfolg einstellte. Der Schreibtisch begleitete ihn dann in sein zweites Gaienhofener Domizil, in sein Berner Arbeitszimmer und auch nach Montagnola. Für sein zum großen Teil an diesem Tisch entstandenes Werk wurde er 1946 mit dem Nobelpreis für Literatur ausgezeichnet. Im Jahr 1995 kehrte der Tisch als Leihgabe der Schweizerischen Nationalbibliothek an seinen ursprünglichen Platz zurück.

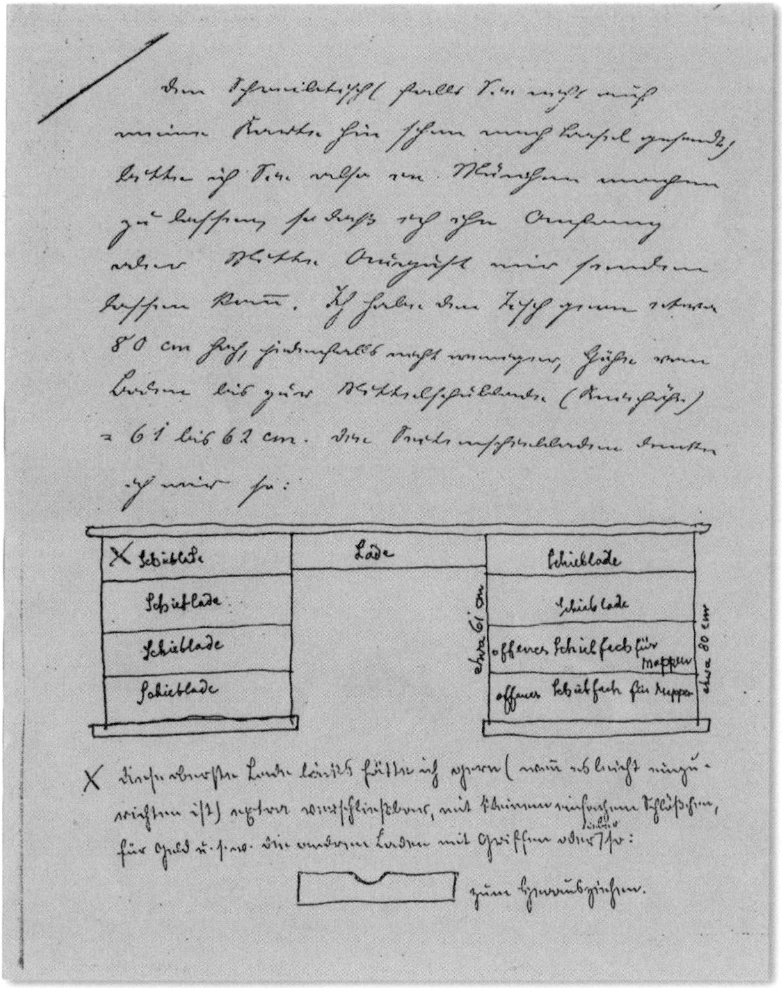

Brief an den Architekten Haas mit
Entwurfsskizze für den Schreibtisch,
2. Juni 1904

Hesses Schreibtisch in der Casa Rossa in Montagnola, 1935 (Fotos oben). Der Schreibtisch bot reichlich Platz für Brieföffner, Brille, Briefbeschwerer, Petschaft mit Siegellack und Klischee (Druckform).

HERRLICHE TROPHÄEN

»Ich bin der einzige in Gaienhofen, der maschineschreiben kann, und fingere jeden Tag recht viel.« Hesse kaufte die Schreibmaschine 1908 in Konstanz und gab dafür dreimal so viel aus wie für den Schreibtisch. Dass Arbeitsgeräte verehrter Dichter rasch zu Reliquien werden können, fasste Hesse Jahre später aus Anlass seiner Aufnahme in die Preußische Akademie der Künste in ironische Verse: »Unter andern herrlichen Trophäen / In des Volksmuseums Heiligtum / Sieht man seine Schreibmaschine stehen, / Sonntags viel bestaunt vom Publikum.« Hesse selbst hatte aber auch seine Fetische, unter anderem »eine stark abgenützte Gänsekielfeder, die der selige Eduard Mörike mit seiner leichten, geschickten Hand geschnitzt, gespalten und zum Schreiben benützt hat«. Mörike, der viel Zeit für »Federschnitzeln, Schönschreibkünste ... und sonstigen Allotria vergeudet hat«, »hätte sich niemals eine Schreibmaschine gekauft«.

Übrigens ist mir die Maschine eine ganz unschätzbare Hilfe, die mir alles sehr erleichtert … Ich kann also zum Kauf einer Maschine nur raten. Die meine ist eine amerikanische, überaus gut und bequem, mit fünf Jahren Garantie. Sie heißt "Smith Premier Nr. 4" und kostet allerdings neu 500 Mark (ich bekam sie fast neu für 420). … Außer Kleinigkeiten (wie daß man z.B. rot, blau, schwarz schreiben kann) hat sie den Hauptvorzug, daß auch die großen Buchstaben eine Klaviatur haben, es gibt kein Umschalten, und man kann stets mit allen zehn Fingern arbeiten.

Hesse an Otto Kimmig, 11. März 1908

Übrigens ist mir die Maschine eine ganz unschätzbare Hilfe, die mir alles sehr erleichtert … Ich kann also zum Kauf einer Maschine nur raten. Die meine ist eine amerikanische, überaus gut und bequem, mit fünf Jahren Garantie. Sie heißt "Smith Premier Nr. 4" und kostet allerdings neu 500 Mark (ich bekam sie fast neu für 420). … Außer Kleinigkeiten (wie daß man z.B. rot, blau, schwarz schreiben kann) hat sie den Hauptvorzug, daß auch die großen Buchstaben eine Klaviatur haben, es gibt kein Umschalten, und man kann stets mit allen zehn Fingern arbeiten.

Hesse an Otto Kimmig, 11. März 1908

Schreibmaschine und Schreibfeder
aus Hesses Besitz

HAND ODER TASTE

Hesse schrieb mit der Schreibmaschine und mit Stift und Feder. Dass das Schreibgerät sein Verhältnis zum Text und auch zu sich selbst ändert, war ihm dabei bewusst. Das selbst Geschriebene schaue »einen mit der vertrauten Handschrift gar schmeichelnd an, wie ein Spiegel die Braut, man fand es recht wohlgeraten oder doch leidlich, auch wenn es arge Mängel hatte«. Die kalte Maschinenschrift hingegen sehe »einen streng, kritisch, ja ironisch und nahezu feindselig an«. Sie sei »schon etwas Fremdes, Beurteilbareres geworden«. Dass durch die Schreibmaschine das »Hinmalen der Buchstaben und Zeilen« wegfalle, tue ihm, der sich für kalligrafische Formen begeistern konnte, leid; andererseits könne er so aber schneller schreiben und mehr produzieren. Der erste Text, den Hesse hier, in seiner »ersten legitimen Werkstatt«, verfasste, war seinem schwäbischen Landsmann Eduard Mörike zum 100. Geburtstag gewidmet. Die erste Erzählung, die er an seinem neuen Schreibtisch schrieb, hieß *In der alten Sonne*. Auch Teile des Romans *Gertrud* und der Erzählung *Freunde* sind hier entstanden.

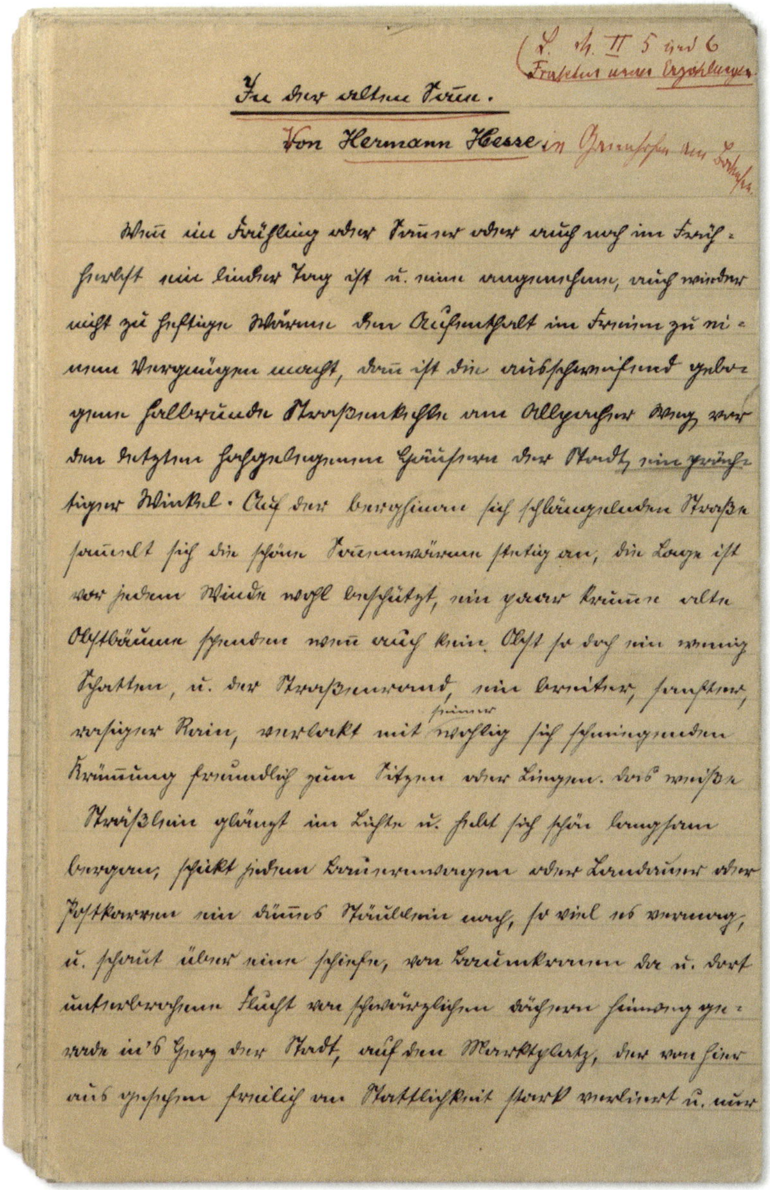
In der alten Sonne.

Von Hermann Hesse

Erste Seite der Erzählung
In der Alten Sonne von Hesses Hand

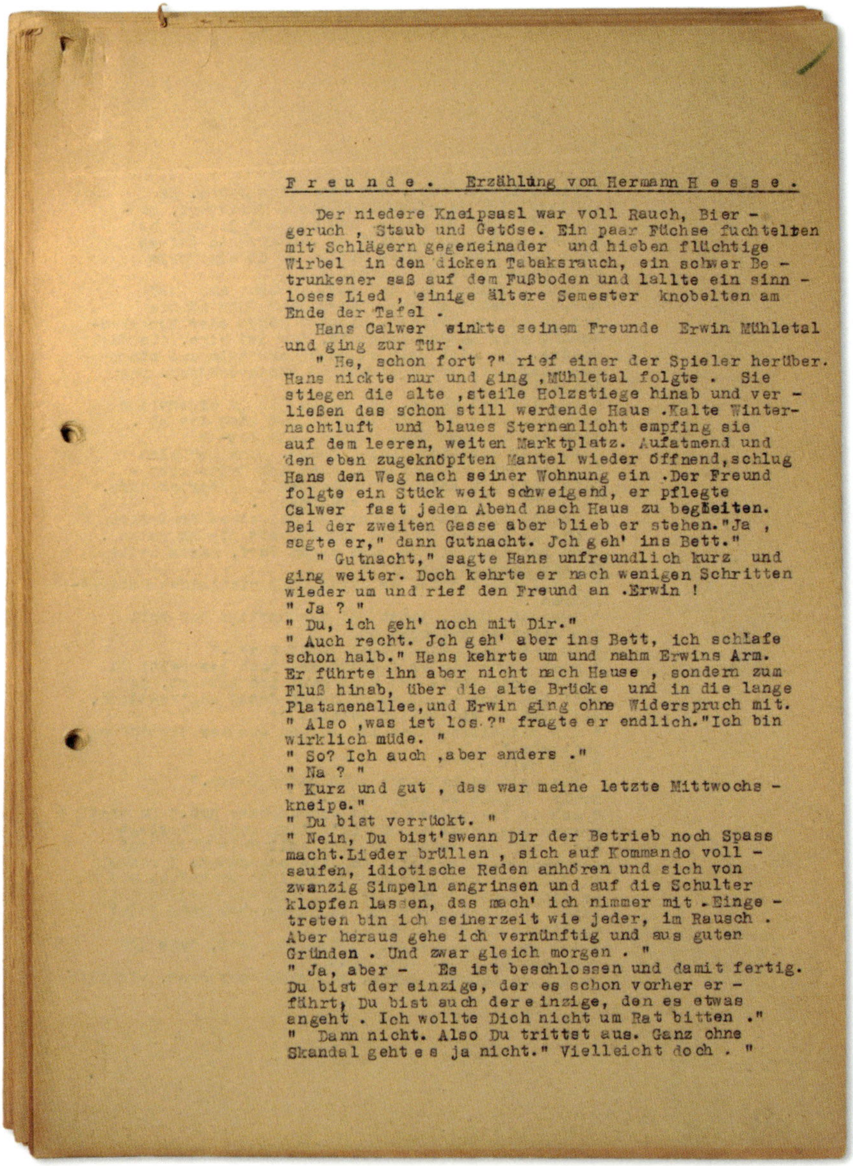

Freunde. Erzählung von Hermann Hesse.

Der niedere Kneipsasl war voll Rauch, Bier - geruch , Staub und Getöse. Ein paar Füchse fuchtelten mit Schlägern gegeneinader und hieben flüchtige Wirbel in den dicken Tabaksrauch, ein schwer Be - trunkener saß auf dem Fußboden und lallte ein sinn - loses Lied , einige ältere Semester knobelten am Ende der Tafel .

Hans Calwer winkte seinem Freunde Erwin Mühletal und ging zur Tür .

" He, schon fort ?" rief einer der Spieler herüber. Hans nickte nur und ging ,Mühletal folgte . Sie stiegen die alte ,steile Holzstiege hinab und ver - ließen das schon still werdende Haus .Kalte Winter- nachtluft und blaues Sternenlicht empfing sie auf dem leeren, weiten Marktplatz. Aufatmend und den eben zugeknöpften Mantel wieder öffnend,schlug Hans den Weg nach seiner Wohnung ein .Der Freund folgte ein Stück weit schweigend, er pflegte Calwer fast jeden Abend nach Haus zu begleiten. Bei der zweiten Gasse aber blieb er stehen."Ja , sagte er," dann Gutnacht. Jch geh' ins Bett."

" Gutnacht," sagte Hans unfreundlich kurz und ging weiter. Doch kehrte er nach wenigen Schritten wieder um und rief den Freund an .Erwin !

" Ja ? "

" Du, ich geh' noch mit Dir."

" Auch recht. Jch geh' aber ins Bett, ich schlafe schon halb." Hans kehrte um und nahm Erwins Arm. Er führte ihn aber nicht nach Hause , sondern zum Fluß hinab, über die alte Brücke und in die lange Platanenallee,und Erwin ging ohne Widerspruch mit.

" Also ,was ist los ?" fragte er endlich."Ich bin wirklich müde. "

" So? Ich auch ,aber anders ."

" Na ? "

" Kurz und gut , das war meine letzte Mittwochs - kneipe."

" Du bist verrückt. "

" Nein, Du bist'swenn Dir der Betrieb noch Spass macht.Lieder brüllen , sich auf Kommando voll - saufen, idiotische Reden anhören und sich von zwanzig Simpeln angrinsen und auf die Schulter klopfen lassen, das mach' ich nimmer mit .Einge - treten bin ich seinerzeit wie jeder, im Rausch . Aber heraus gehe ich vernünftig und aus guten Gründen . Und zwar gleich morgen . "

" Ja, aber - Es ist beschlossen und damit fertig. Du bist der einzige, der es schon vorher er - fährt, Du bist auch der einzige, den es etwas angeht . Ich wollte Dich nicht um Rat bitten ."

" Dann nicht. Also Du trittst aus. Ganz ohne Skandal geht es ja nicht." Vielleicht doch . "

Typoskript der Erzählung *Freunde*

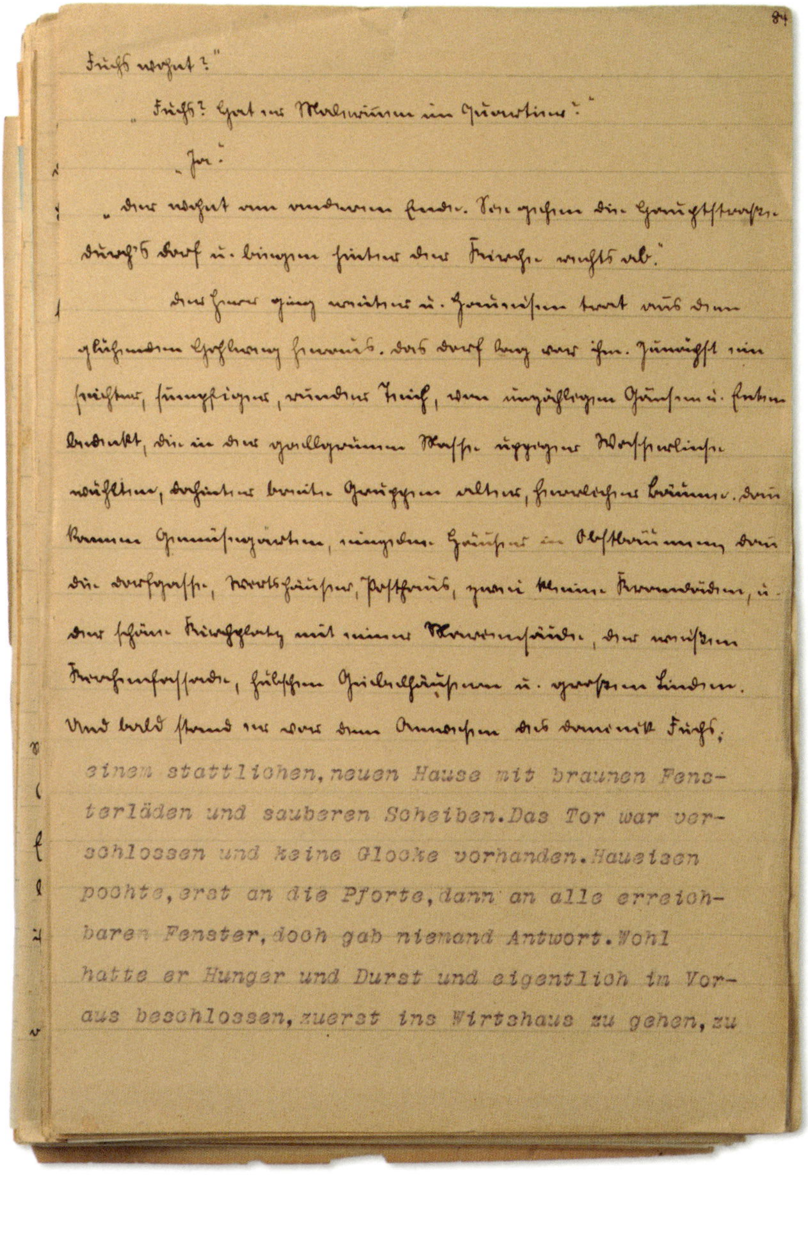
einem stattlichen, neuen Hause mit braunen Fens-
terläden und sauberen Scheiben. Das Tor war ver-
schlossen und keine Glocke vorhanden. Haueisen
pochte, erst an die Pforte, dann an alle erreich-
baren Fenster, doch gab niemand Antwort. Wohl
hatte er Hunger und Durst und eigentlich im Vor-
aus beschlossen, zuerst ins Wirtshaus zu gehen, zu

Hybridseite des Romans *Gertrud*

KRITIK AUS DER FERNE

Auf der Höri fand Hesse jene Distanz zum Politik- und Kulturbetrieb der Metropolen, die ihm zeitlebens eine kritische Unabhängigkeit garantieren wird. Aus der Ferne publizierte er während der Gaienhofener Jahre in zahlreichen renommierten Blättern wie der *Neuen Zürcher Zeitung*, der *Neuen Freien Presse* Wien oder der *Rheinlande* aus Düsseldorf. Wichtig war aber insbesondere seine Mitarbeit an zwei namhaften, in München herausgegebenen Zeitschriften: Mit dem *Simplicissimus*, in dem er Gedichte und einige Erzählungen veröffentlichte, hatte er »zum erstenmal im Leben eine Art von Beziehung zum politischen Leben gewonnen«. In dem Satireblatt spürte er »den Geist der Kritik, des Spotts und oft der Erbitterung«, die sich insbesondere gegen das militaristische Preußen richteten. Der *März*, den Hesse 1906 mitgegründet und dessen literarischen Teil er zu verantworten hatte, entstand ebenfalls aus dem »Bedürfnis süddeutscher Selbstbehauptung gegen preußische Vorherrschaft«. Für die liberale Zeitschrift mit ihrem Bestreben nach »einer geistig-politischen, freundschaftlichen Annäherung an Frankreich« verfasste Hesse etwa 150 zum größten Teil literaturkritische Beiträge.

2. Jahrgang Anno D.
Heft 22 1908.

März

Ignatius Taschner

Aus dem Inhalt:

Theodor Barth, Persönliches oder parlamentarisches Regiment?
Ludwig Thoma, Der Kaiser
Selma Lagerlöf, Aus meinem Leben (Illustriert)
Hermann Hesse, Billige Bücher

Rundschau · Glossen

Verlag von Albert Langen in München

März – Halbmonatsschrift für deutsche Kultur. Von 1907 bis 1912 war Hesse neben Ludwig Thoma, Albert Langen und Kurt Aram Mitherausgeber und für den literarischen Teil verantwortlich.

Pfeife aus Hesses Besitz. Auf dem Porzellankopf hat der *Simplicissimus*-Zeichner Olaf Gulbransson Ludwig Thoma karikiert.

POETISCHE ERTRÄGE

FRÜH GEPEINIGT
MUSIK ZU DRITT
IM ARMENHAUS
HOMERISCH SCHWER HINWANDELND
GRÜNE DÄMMERUNG. SCHLAFF. SCHWÜL.
LEBENSÜBERDRUSS
ROH MACHT FROH
PERMAKUR

Literarisch war die Zeit am See für Hesse weder eine Sackgasse noch ein Umweg. Hatte er wichtige Erzählungen wie etwa *Unterm Rad* schon auf die Höri mitgebracht, so entstanden in den Gaienhofener Jahren mehr als zwanzig weitere längere Erzähltexte. Er veröffentlichte drei Prosabände – *Diesseits* (1907), *Nachbarn* (1908) und *Umwege* (1912) –, und er verfasste den Musiker-Roman *Gertrud*. Zudem schrieb er die ersten Teile der Vagabundengeschichte *Knulp* und der *Roßhalde*. Viele dieser Texte, in denen nicht selten der Konflikt zwischen alternativen Lebensformen, Außenseitertum und künstlerischer Genialität auf der einen und angepasster Bürgerlichkeit auf der anderen Seite durchbuchstabiert wird, haben einen autobiografischen Hintergrund. Hesse erzählte aber auch weiterhin von der Einsamkeit als Konstante der menschlichen Existenz sowie von den Ausgegrenzten und ›Opfern des Lebens‹. Seine Gedichte fasste er im Lyrikband *Unterwegs* (1911) zusammen. Daneben entstanden Prosaskizzen über die Bodenseelandschaft und das Gaienhofener Dorfleben.

FRÜH GEPEINIGT

Unterm Rad (1905)

In seinem zweiten Roman – in Calw geschrieben und 1904 vorabgedruckt in der *Neuen Zürcher Zeitung* – verarbeitet Hesse weit mehr als im *Camenzind* eigene leidvolle Jugenderfahrungen. Wie in vielen seiner Erzählungen gestaltet er das Thema, hier die fundamentale Kritik am damaligen Erziehungssystem, indem er zwei Helden gegenläufige Prinzipien verkörpern lässt: auf der einen Seite Hans Giebenrath, der sensible Musterschüler mit Zügen von Hesses Bruder Hans, und auf der anderen der unangepasste, künstlerisch begabte Hermann Heilner, der nicht zufällig die Initialen des Autors trägt und wie dieser aus dem strengen Kloster Maulbronn ausbricht. Giebenrath, dessen Leistungen sich durch die Freundschaft mit Heilner verschlechtert hatten, bleibt allein zurück. Er wird mit Nichtachtung gestraft, erkrankt, muss die Schule verlassen und ertrinkt wenig später. Das Buch, einer der bedeutendsten deutschen Entwicklungsromane und um 1900 das wohl engagierteste Plädoyer gegen pädagogische Dressurzwänge, wurde in fast 30 Sprachen übersetzt.

Man sage nicht, Schulmeister haben kein Herz und seien verknöcherte und entseelte Pedanten! O nein, wenn ein Lehrer sieht, wie eines Kindes lange erfolglos gereiztes Talent hervorbricht, wie ein Knabe Holzsäbel und Schleuder und Bogen und die anderen kindischen Spielereien ablegt, wie er vorwärts zu streben beginnt, … dann lacht ihm die Seele vor Freude und Stolz. Seine Pflicht und sein ihm vom Staat überantworteter Beruf ist es, in dem jungen Knaben die rohen Kräfte und Begierden der Natur zu bändigen und auszurotten und an ihre Stelle stille, mäßige und staatlich anerkannte Ideale zu pflanzen.

Der Einband der Erstausgabe von *Unterm Rad* (1906) stammt von Emil Rudolf Weiss.

GRÜNE DÄMMERUNG. SCHLAFF. SCHWÜL.

Heumond (1905)

In der kunstvollen Erzählung werden zwei Ferientage im Leben des 16-jährigen Gymnasiasten Paul geschildert, die ihn stärker verändern als die tristen Monate zuvor. Beim Besuch der gleichaltrigen Berta und der eleganten Thusnelde verliebt sich Berta in Paul und dieser in ihre ältere Begleiterin. So schafft Hesse Kraftfelder, in denen »unausgesprochene Leidenschaften sich kreuzen und bekämpfen«. Das Seelische werde hier »mit Proust'schem Raffinement in Arabesken der Landschaft und Witterung aufgelöst«, schrieb ein Rezensent. In der 1905 entstandenen und später im Band *Diesseits* veröffentlichten Erzählung nutzt Hesse eine einschneidende biografische Erfahrung für seinen Versuchsaufbau: Der 14-Jährige war für sechs Wochen in die Kur- und Heilanstalt Bad Boll eingeliefert worden und verliebte sich dort in eine 22-Jährige. Nach einem missglückten Selbstmordversuch wurde er in die Nervenheilanstalt Stetten eingewiesen. Diese Erfahrungen seien »fast zu Urbildern« geworden, bekannte Hesse später.

Er konnte kaum noch atmen, so stark arbeitete sein Herzschlag, und sein ganzer Leib brannte und fror zugleich. … Ihr Gesang war vielleicht nichts Besonderes, aber er traf und reizte den Knaben ebenso beklemmend und quälend wie die Berührung ihrer Hand. … und während er noch saß und horchte, schlugen die ersten trägen Regentropfen lau und schwer in den Weiher … Er fühlte nur, daß etwas Drängendes, Gärendes, Gespanntes um ihn her oder auch in ihm selber sich verdichte und schwelle und Auswege suche. … Er wußte, daß er Thusnelde lieb habe. Und zugleich wußte er, daß sie erwachsen und eine Dame war, er aber ein Schuljunge …

Das Aquarell hat Hesse wohl um 1920 aus der Erinnerung gemalt. Vor der Silhouette von Konstanz erstrecken sich Bodensee und Landschaft in grüner Dämmerung.

IM ARMENHAUS

In der alten Sonne (1905)

Die wohl bekannteste von Hesses frühen Geschichten, geschrieben im ersten Gaienhofener Haus, zeigt den Humor des 26-Jährigen, vor allem aber auch jenes Mitgefühl für die Erniedrigten und Gestrandeten, das sein Frühwerk prägt: Am Beispiel eines Armenasyls schildert er das Zusammenleben eines arbeitsscheuen Kleinfabrikanten, eines alkoholsüchtigen Seilers, eines glücklichen Simpels und eines lebensfrohen Landstreichers. Hesse spielt durch, wie und warum jemand zum Außenseiter wird, und er zeigt, wie diese »Lumpenkolonie« miteinander zurechtzukommen sucht. Ihre Jämmerlichkeit, ihre Bosheit und ihr Starrsinn werden dabei ohne moralische Wertung, immer aber auch mit einem Rest an Menschlichkeit dargestellt. Obgleich die Gründe für die Erniedrigung oftmals in der Gesellschaft liegen, bleibt ein sozialer Protest aus. Stattdessen gilt die Sympathie dem Landstreicher Finkenbein, der sich wieder auf Wanderschaft begibt und sich so von den Zwängen der bürgerlichen Gesellschaft zu befreien versucht.

Er nannte ihn Dickkopf, Ladstock, Hauderer, Seilersdackel, Turmspitzenvergolder, Kartoffelkönig, Allerweltsdreckler, Schoote, Schlangenfänger, Mohrenhäuptling, alte Schnapsbouteille und erbot sich mit herausfordernden Gesten, ihm so lang auf seinen Wasserkopf zu hauen, bis er die Welt für ein Erdäpfelgemüs und die zwölf Apostel für eine Räuberbande ansähe.

Der Einband der illustrierten Ausgabe von 1914 stammt von Wilhelm Schulz, der auch für den Münchner *Simplicissimus* gearbeitet hat.

UNSTETER WANDERER

Knulp (1915)

Um seine Freiheit und Unabhängigkeit nicht zu verlieren, wird Knulp zum Wanderer, der als Zaungast hinter die brüchigen Fassaden bürgerlicher Normalität blickt. Am Ende jedoch hadert dieser ›Taugenichts‹ mit Gott, der ihn daraufhin zu seinem Propheten macht: »In meinem Namen bist du gewandert und hast den seßhaften Leuten immer wieder ein wenig Heimweh nach Freiheit mitbringen müssen.« Die Figur des Vagabunden mit seiner ständigen Bereitschaft zum Aufbruch, zugleich Suchender und auf der Flucht, hat Hesse fasziniert. Sein eigenes zwischen Freiheit und Bindung schwankendes Naturell konnte sich in ihr entfalten. Schon 1907 hat Hesse den dreiteiligen Roman begonnen: Das Mittelstück *Meine Erinnerung an Knulp* ist in Gaienhofen entstanden. Die vollständige Buchausgabe erschien 1915. Im Rückblick schrieb Hesse, Figuren wie Knulp seien »zwar nicht nützlich, aber dafür auch viel weniger schädlich als manche nützlichen«.

Knulp war diese ganze Zeit unterwegs gewesen, auf zielloser Streife immer im Umkreis der Heimat … Er hatte zu viel zu denken gehabt und war auf allen den langen, mühsamen, nutzlosen Wegen immer tiefer in das Gewirr seines verfehlten Lebens geraten wie in zähe Dornranken, ohne den Sinn und Trost dazu zu finden.

Die Illustrationen von 1922 stammen von Karl Walser, dem Bruder des Schriftstellers Robert Walser.

HOMERISCH SCHWER HINWANDELND

Vor meinem Fenster (1905)

»Man soll auf alles achten, denn man kann alles deuten.« Hesse war kein Anlass und kein Erlebnis zu belanglos, um nicht schreibend darüber zu reflektieren – so über den Einfluss der Jahreszeiten auf seinen Alltag, über Ausflüge mit dem Boot und über Wanderungen, über Kuraufenthalte und Ausstellungen oder eben über das Geschehen vor seinem Fenster kurz nach dem Einzug 1904: über den Postwagen, die Schulpause, das Rauschen des Brunnens, die Männer, die sich für eine Beerdigung waschen, das buckelige »Uhrmächerle« und über seinen Kater Gattamelata. Solche Betrachtungen sind in ihrer tagebuchartigen Subjektivität vor allem Entspannungsversuche, mit denen Hesse die Pausen zwischen Abschluss und Neubeginn seiner Werke zu überbrücken versuchte. Hier zeigt sich der Autor mitunter unbeschwert in einem Zwischenraum. Die Texte blieben keine Privatsache; diesen veröffentlichte Hesse 1905 in der Wiener *Zeit*.

Gegen elf Uhr hörte ich den raschen Schritt der Briefträgerin … Die Frau sprach wieder mit fröhlichem Erstaunen über das zunehmende Gedeihen des Post- und Verkehrswesens … Und wir berieten wieder … eifrig über die Abfassung einer Eingabe "an den Staat", deren Zweck die Errichtung einer eigenen Postagentur im Dorfe ist … Aber in der Stunde vor Mittag konnte freilich kaum mehr von Arbeit die Rede sein, denn um diese Zeit ist großer Cercle am Brunnen … Ochsen, Kühe, Rinder und Kälber kamen daher, die meisten homerisch schwer hinwandelnd, manche aber auch voll Mutwille oder Tücke, bald störrisch rückwärts strebend, bald feurig springend und tanzend.

Der Brunnen vor Hesses erstem Gaienhofener Haus

IM LICHTKLEID

Ein Bummeltag (1905)

Die im ersten Sommer am See entstandene Schilderung lässt an Hesses Aussteigerleben in der Natur teilhaben. Es gibt einige solcher Skizzen, die zunächst in Zeitungen gedruckt und 1926 vom Autor unter dem Titel *Bodensee* zusammengefasst wurden. Oftmals ohne Handlung, sind sie zwar nicht frei von Hesses krisenhafter Grundsituation, präsentieren aber auch die Glückserfahrung vom Einklang mit der Natur. (Wenig später wird sich Hesse während einer Kur auf dem Monte Verità bis zum Hals in die Erde eingraben lassen, weil er sich ›im Lichtkleid‹ die Haut verbrannt hatte.) In seinen Bodenseeskizzen gelingen Hesse mitunter einprägsame Stimmungsbilder, die die Nuancen des Klimas und die Besonderheiten der Vegetation erfahrbar machen. Wenn er den See in einer »weichen, blaudunstig feuchtmalerischen Luft voll Opal und Perlmutt« liegen sieht, wenn er die Lebenslust an Hochsommertagen schildert oder Wolkenformationen beschreibt, dann wird das Alltägliche und Selbstverständliche zum Außergewöhnlichen und Einmaligen.

Nackt in der Sommersonne zu liegen, ist immer eine Wonne … Zu Anfang des Sommers, wenn der Leib noch weiß und kleidergewohnt ist, gibt es kleine Beschwerden; da brennt die Haut und rötet sich … Dann aber wird sie fest und braun und sonnensicher … Denn wie der Körper sich frei und wohl und sicher fühlt, so weist die Seele das Kleid der Gewohnheit und Alltäglichkeit von sich, atmet erstaunt und frei, kehrt zu heimatlichen Quellen zurück, wird dankbares Kind der Erde und Sonne, fühlt Verwandtschaft mit allem Lebenden und lernt die Sprache der Erde wieder verstehen.

Hesse 1910 als Nacktkletterer in Amden oberhalb des Walensees in den östlichen Voralpen der Schweiz

ROMANTIK IM RIED

Zunachten (1905)

Der Schriftsteller Hesse hat als Lyriker begonnen – *Unterwegs* ist bereits sein dritter Gedichtband –, und Verse sind es auch, mit denen sein Lebenswerk endet. Etwa 1400 Gedichte hat er geschrieben, ohne formale Experimente, die er einmal »einfach affig« nannte. Schon 1902 deklarierte er: »Lyrik schreibt man für sich selbst und ohne an einen Leser zu denken«. Hesses Verse wurden allerdings auch kritisiert. So schrieb Kurt Tucholsky: »Die Gedichte sind rührend schlecht«. Thomas Mann hingegen war ganz anderer Meinung: »Hesses bezaubernde Lyrik weiß eine sensitive Modernität in Laute von volkstümlicher Romantik zu kleiden.« Hesse entzieht sich beiden Urteilen, wenn er erklärt, das Schreiben schlechter Gedichte sei beglückender als das Lesen der allerschönsten. In frühen Versen wie in *Zunachten* spiegelt er in der Natur sein eigenes Befinden und nutzt dazu romantische Motive und Themen: das Lied, das Leid und die Nacht, die Einsamkeit, das Heimweh und die Klage.

Laufeuchte Winde schweifen,
Nachtvögel hört man überm Ried
Mit schweren Flügeln streifen
Und fern im Dorf ein Fischerlied.

Aus niegewesenen Zeiten
Sind trübe Sagen angestimmt
Und Klagen um ewige Leiden;
Weh dem, der sie bei Nacht vernimmt!

Laß klagen, Kind, laß rauschen!
Rings ist die Welt von Leide schwer.
Wir wollen den Vögeln lauschen
Und auch dem Lied vom Dorfe her.

Hesse in Gaienhofen, um 1908

VEGETARISCHES INDIEN

Freunde (1909)

Entstanden 1907/08, fällt die Erzählung in die Zeit von Hesses erster Beschäftigung mit Arthur Schopenhauer und den buddhistischen Elementen seiner Philosophie. Das schlägt sich unmittelbar in der Erzählung aus dem Tübinger Studentenmilieu nieder, die Hans Calwer – nicht zufällig trägt er den Namen von Hesses Geburtsort – bei der Suche nach dem Weg zu sich selbst zeigt. Durch seinen Austritt aus ihrer Studentenverbindung bringt Hans, der »ein angeborenes Verhältnis zum Schönen, keinem Zwecke Dienenden« hat, seinen Freund Erwin Mühletal gegen sich auf. Auch in seinem Studium orientiert sich Hans neu und belegt ein Buddha-Kolleg. Dort freundet er sich mit Heinrich Wirth an, der sein Mentor wird, den Erwin aber als »Kohlrabifresser« beschimpft. Hans versucht abstinent zu leben wie sein Vorbild, was ihm nicht gelingt. In der Erzählung verarbeitet Hesse seine Erfahrungen mit dem Naturpropheten Gusto Gräser, in dessen Felsgrotte bei Ascona er 1907 einige Wochen verbracht hat.

"Das ist einfach. Leben Sie, wie ich lebe, es wird Ihnen gut tun."
"Wie denn?"
"Suchen Sie viel an der Luft zu sein, womöglich draußen zu arbeiten. Ich weiß Gelegenheit dazu. Weiter, essen Sie kein Fleisch, trinken Sie keinen Alkohol, auch nicht Kaffee und Tee, und rauchen Sie nicht mehr. Leben Sie von Brot, Milch und Früchten. Das ist der Anfang."

Gunter Böhmer, der zahlreiche Werke von Hermann Hesse illustriert hat, widmete sich 1957 auch der Erzählung *Freunde*.

ROH MACHT FROH

Doktor Knölges Ende (1910)

In der Erzählung wird ein biederer Kurgast von einem fanatischen Lebensreformer erschlagen, der nackt in einem Gehölz lebt, »in dessen Geäste man ihn mit gewandter Hurtigkeit sich bewegen sah«. Im Frühjahr 1907, während er eigentlich in Gaienhofen seinen Hausbau zu beaufsichtigen hatte, unterzog sich Hesse auf dem Monte Verità bei Ascona einer Fastenkur, um sein inneres Gleichgewicht wiederzufinden. Dort hatten zivilisationskritische Aussteiger eine vegetarische Freikörper- und Naturheilkolonie gegründet, in der Hesse vorübergehend lebte – in einer Bretterbude und teilweise ohne feste Nahrung. Nach vier Wochen reiste er zurück an den Bodensee. Die heilende Wirkung war dürftig. Der literarische Ertrag allerdings ist die satirischste Erzählung, die er je verfasste und in der er das Zurück-zur-Natur-Ideal, dem er selber fröhnte, ironisch überzeichnete.

Da gab es Vegetarier, Vegetarianer, Vegetabilisten, Rohkostler, Frugivoren und Gemischtkostler! ... Da kamen flüchtig gegangene Priester und Lehrer aller Kirchen, falsche Hindus, Okkultisten, Sprachlehrer, Masseure, Magnetopathen, Zauberer, Gesundbeter ... Die meisten dieser in Europa und Amerika entgleisten Menschen trugen als einziges Laster die so vielen Vegetariern eigene Arbeitsscheu mit sich.

Hesse (4. v. l.) 1907 unter den Kurgästen auf dem Monte Verità

PERMAKUR

Haus zum Frieden (1910)

Hesse schrieb die Erzählung 1909 nach einer Kur wegen »Störungen des Nerven- und Stimmungslebens«, die im zweiten Haus am See verstärkt auftraten. Hilfe hatte er bei dem renommierten Internisten Albert Fraenkel in der Villa Hedwig in Badenweiler gefunden. Der tagebuchähnliche Text beschreibt den Mediziner und drei Mitpatienten genauer: eine vermögende Dame, die durch Selbstmorddrohungen besondere Zuneigung vom Arzt zu erzwingen sucht, einen schwedischen Archivar, der von seiner Trunksucht geheilt werden will, und einen Schriftsteller, dem das »endgültige gelassene Hinnehmen seines Lebens« nicht gelingt. Der Dichter, in dem Hesse sich selbst porträtiert, hat Angst, die »unbeherrschten dunklen Regungen seiner Seele« zu verlieren und damit »auch die schöpferische Kraft als Künstler« einzubüßen. Vor die Wahl gestellt, geheilt zu werden oder kreativ bleiben zu können, wählt er Letzteres und verzichtet »auf das stabilere Glück der Ruhe«. In Hesses Leben sollten noch etliche Kuraufenthalte folgen.

Wir Gäste sind übrigens nicht, wie man denken möchte, lauter müde Menschen. Es sind einige prächtige, naive, ungebrochen lebensfrohe Leute dabei, zum Beispiel ein sehr schwerer Herr aus Breslau, welchem es um eine Verminderung seines Leibesumfangs und Gewichtes zu tun ist. … Ein anderer von unsern Hausgenossen, der mich eine Zeitlang recht sehr interessierte, ist ein bekannter Schriftsteller. … Der noch ziemlich junge Herr stellte sich niemandem vor, speiste allein an einem kleinen Extratisch und vermied jede Teilnahme an unsern nachbarlichen Gesprächen. Es sah wie Müdigkeit aus …

Villa Hedwig in Badenweiler, um 1909

MUSIK ZU DRITT

Gertrud (1910)

Der gehbehinderte Komponist Gottfried Kuhn hat in der Musik jene innere Zuflucht gefunden, in der sein Außenseitertum und seine Verzweiflung erträglich werden. Kuhn pflegt eine heikle Freundschaft mit dem vitalen, erfolgreichen, aber auch labilen Sänger Heinrich Muoth, der als sein Gegenbild gestaltet ist. Beide lieben Gertrud, die Kuhn inspiriert, aber von Muoth geheiratet wird. Die Ehe scheitert. Muoth verfällt dem Alkohol und begeht Selbstmord. Ein gemeinsames Leben bleibt Kuhn und Gertrud indes verwehrt. Mit dem Roman, eher ein psychologisches Kammerspiel als ein großes Gesellschaftsbild, fragt Hesse nach jener schwierigen Balance, »die im echten Künstler zwischen Liebe zur Welt und Flucht vor der Welt einerseits, andererseits zwischen Befriedigung und Durst beständig vibriert«. Im resignativen Ausgang des zwischen 1906 und 1909 entstandenen Romans spiegelt sich auch Hesses eigene Situation im neuen Gaienhofener Haus. Der Roman gebe, so der Autor selbstkritisch, seine Weltanschauung zu direkt wieder.

Am Tage der Hochzeit fand ich mich zeitig in der Kirche ein und sah der Feier versteckt von der Orgel herab zu. Als der Organist mein Stücklein spielte, sah Gertrud herauf und nickte ihrem Bräutigam zu. Ich hatte sie diese ganze Zeit nicht mehr gesehen, sie sah im weißen Kleide noch größer und schlanker aus und ging anmutig ernst den geschmückten schmalen Pfad zum Altar, an der Seite des stolzen, ungebeugt schreitenden Mannes. Es hätte weniger gut und prächtig ausgesehen, wenn an seiner Stelle ich schiefer Krüppel diesen feierlichen Weg gegangen wäre.

Innentitel mit Waldhorn und Geige
gezeichnet von Otto Blümel, 1910

LEBENSÜBERDRUSS

Taedium Vitae (1908)

Der Erzähler dieser Geschichte befindet sich in einer tiefen Lebenskrise. Für ihn ist es bereits eine »gute Stunde«, wenn er sich seiner Verzweiflung zu stellen vermag. Dabei hilft ihm hier die Erinnerung an eine Reise nach München, während der er sich ein Jahr zuvor noch »im vollen Besitz« seiner Jugend gefühlt hatte. Im Milieu der Schwabinger Bohème hatte er die Kunstgewerbeschülerin Maria kennengelernt, die ihm das Gefühl gab, »wieder 19 Jahre alt und unversehrt zu sein«. Doch die Hoffnung, mit ihrer Hilfe sein Leben noch einmal »mitten in den Strom lenken zu können«, zerschlug sich und die Reise endete nach Selbstmordgedanken in einem Antiquariat. Es bleibt die Einsicht, dass die Unbeschwertheit und Unbefangenheit der Jugend für immer verloren sind. Alles ist »grau und glanzlos« geworden. Trost spenden nur die 3000 Bücher seiner Bibliothek. Eine solche Versuchsanordnung, in der eigene Bedrängnisse literarisch variiert werden, ist für Hesse typisch.

Das sind meine guten Stunden. Dann weicht der erdrückende Nebel. Geduld und Gleichgültigkeit fliehen fort, ich schaue erwacht in die scheußliche Öde und kann wieder fühlen. Ich fühle die Einsamkeit wie einen gefrorenen See um mich her, ich fühle die Schande und Torheit dieses Lebens, ich fühle den Schmerz um die verlorene Jugend grimmig flammen.

Hermann Hesse, 1910,
Foto von Gret Widmann

DAS ZWEITE HAUS

[...]EKTONISCHE RUNDS[...]

2. Beilage zu Heft 1. 1909

Alleinige Inseratenannahme bei **Rudolf Mosse,** Annoncen-Expedition für sämtliche Zeitungen Deutschlands und des Auslandes, *Stuttgart, Berlin, Breslau, Dresden, Düsseldorf, Frankfurt a. M., Hamburg, Köln, Leipzig, Magdeburg, München, Nürnberg, Prag, Strassburg, Wien, Zürich*

Insertionsp[...]
▫ viergespa[...]

[Z]wei Dichterwohnungen am Bodensee.

Die Landschaft des Untersees übt ihre ruhige freundliche Schönheit [...] Anziehungskraft aus auf geistig [...]ende Menschen, die dem Stadt[...]e den Rücken kehren. So sind in [...]r Zeit verschiedene Gruppen von [...]ungen an verschiedenen Punkten [...]s entstanden, darunter im Sommer [...]e Wohnhäuser der Schriftsteller [...]e und L. Finckh in Gaienhofen. [...]s Haus Hesse steht westlich des [...]n den gegen den Wald aufstei[...] mit Wiesen und Obstbäumen [...] Hängen. Man übersieht von [...]anze Seefläche gegen die Rei[...]d Konstanz nach Osten und [...] den Rheinausfluß nach Süd[...]uf diese bevorzugte Lage ist [...]lung der Grundrisse Rücksicht [...]indem das große Wohnzimmer [...]hosses und das Arbeits- und [...]mer im ersten Stock nach [...]egt sind. Beide gewähren [...]auf Veranda und Terrasse. [...] Wohn- und Schlafzimmer [...]und Ostbeleuchtung, alle [...]nd die Treppe liegen nach [...]orden. Alle diese Räume [...]ter Art ausgestattet. Das [...]hielt eine einfache braune [...]rde zu einem früher ent[...]em Eichenholz ausgeführten Mobiliar gestimmt: die Haupt[...] große Kachelofen. Das Bibliothekzimmer konnte mit [...]ergestellen und Schränken ausgestattet werden. [...] des Hauses findet seine Vorbilder am ehesten in einem [...]Haustypen der Ostschweiz. Das Keller- und Erdgeschoß [...]Obergeschoß ist in Fachwerk ausgeführt und mit einem [...] verkleidet, den das weit ausladende Dach schützt. [...]t alles Grelle vermieden. Das Erdgeschoß ist ohne [...]rauh verputzt, das Obergeschoß erhielt graugrünen [...]grünen Läden und die weißen Fensterkreuze heben [...]Das Dachgesims und das Holzwerk der Veranda sind [...]raun gehalten und teilweise mit weißen Ornamenten

Haus des Herrn Hermann Hesse in Gaienhofen.
Architekt: H. Hindermann in Steckborn.

Nordostseite.

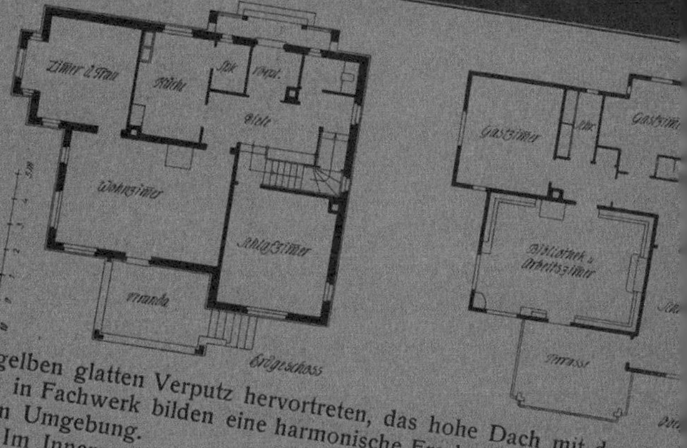

[...]inckh schaut in ein kleines Wiesentälchen, das mit [...]estanden ist und dessen Bächlein weiter unten einen [...]enen Weiher bildet. Darüber hinaus öffnet sich ein [...]d das gegenüber Gaienhofen gelegene Steckborn. [...]lle eines kleinen abgebrannten Bauernhäuschens und [...]sgewohnten Bauformen ausgeführt worden. Der [...]ster und Läden in kräftigen grellen Farben in dem

hellgelben glatten Verputz hervortreten, das hohe Dach mit dem Tre[...]turm in Fachwerk bilden eine harmonische Erscheinung in der stimm[...]vollen Umgebung.

Im Innern wurde besonders die große, durch einen Schrankein[...]geteilte Wohnstube gemütlich ausgebildet. Wände und Decke wurden [...] hellbraun gebeiztem Tannenholz getäfelt, der Fußboden in Tannenrie[...] mit Eichenfriesen ausgeführt. Besonders stattlich nimmt sich der gr[...] Kachelofen mit »Chunst« aus, der von der Küche bezw. vom Herd [...] geheizt wird. Das Mobiliar ist teils alt, teils in bäuerlichen Form[...] neu entworfen. Im Obergeschoß wurden die Dachschrägen überall f[...] Wandschränke ausgenutzt, was die Zi[...]mer besonders wohnlich macht. I[...] Giebel ist gegen Süden noch ein freund[...]liches Zimmer ausgebaut, von dem de[...] See weit überblickt werden kann.

Beide Häuser w[...]

den [...]

Das Leben im schlichten Bauernhaus wurde der jungen Familie insbesondere nach der Geburt des ersten Sohnes Bruno immer beschwerlicher. Durch die sparsame Haushaltung und den schriftstellerischen Erfolg finanziell gut gestellt, konnte Hesse in dieser »bäuerlichen Hütte« 1907 ein geräumiges Wohnhaus planen, das sogar in einer der renommierten deutschen Architekturzeitungen vorgestellt wurde. Das Gebäude am Rande des Dorfes, in das die Familie noch im gleichen Jahr einzog, hatte acht Zimmer, Veranda und Terrasse mit weiter Aussicht, eine eigene Wasserleitung, einen Badeofen und auch den ersehnten großen Selbstversorger-Garten. Bei aller Stattlichkeit war es einfach und funktional eingerichtet. 2005 wurde das Haus in privater Initiative saniert und ist seither öffentlich zugänglich.

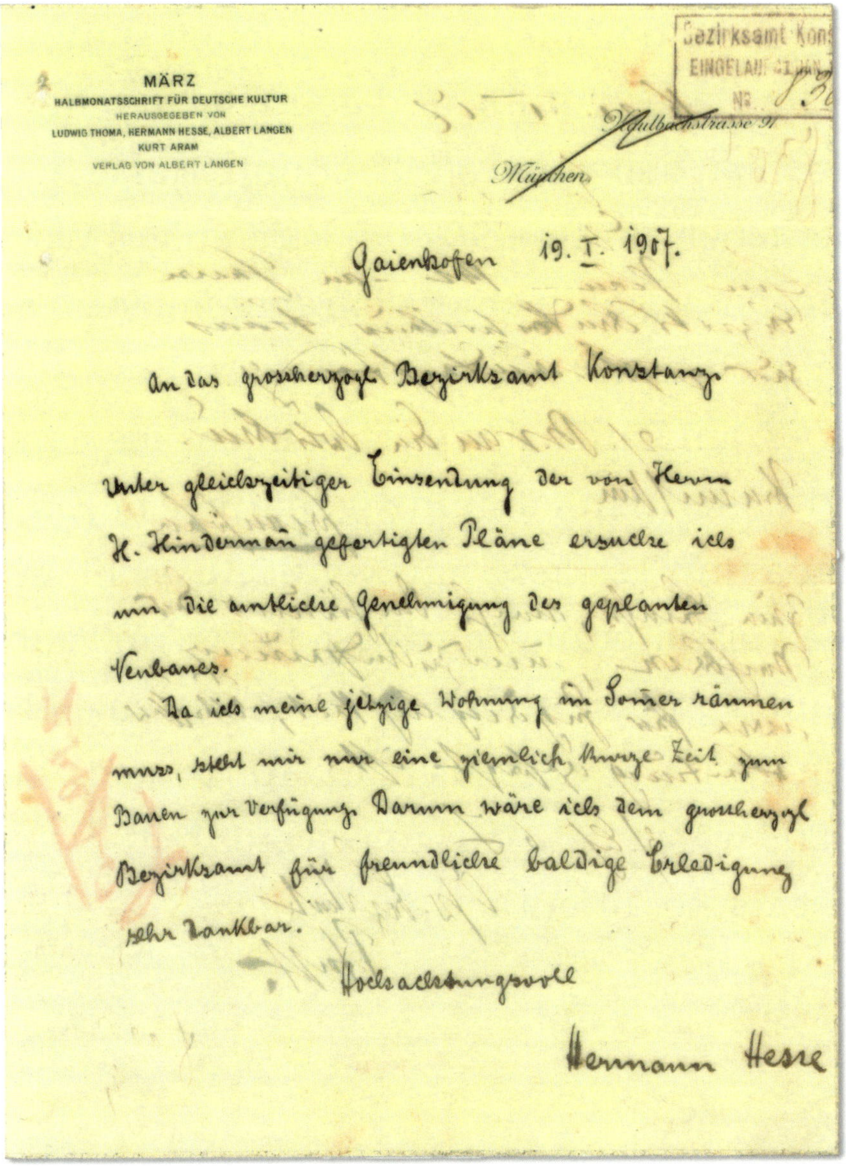

MÄRZ
HALBMONATSSCHRIFT FÜR DEUTSCHE KULTUR
HERAUSGEGEBEN VON
LUDWIG THOMA, HERMANN HESSE, ALBERT LANGEN
KURT ARAM
VERLAG VON ALBERT LANGEN

Bezirksamt Kons
EINGELAUF
Nr. 8

~~Kaulbachstrasse 91~~
~~München~~

Gaienhofen 19. I. 1907.

An das grossherzogl. Bezirksamt Konstanz.

Unter gleichzeitiger Einsendung der von Herrn H. Hindermann gefertigten Pläne ersuche ich um die amtliche Genehmigung des geplanten Neubaues.

Da ich meine jetzige Wohnung im Sommer räumen muss, steht mir nur eine ziemlich kurze Zeit zum Bauen zur Verfügung. Darum wäre ich dem grossherzogl. Bezirksamt für freundliche baldige Erledigung sehr dankbar.

Hochachtungsvoll

Hermann Hesse

Hesse schrieb sein Baugesuch vom 19. Januar 1907 auf dem Dienstpapier der Zeitschrift *März*.

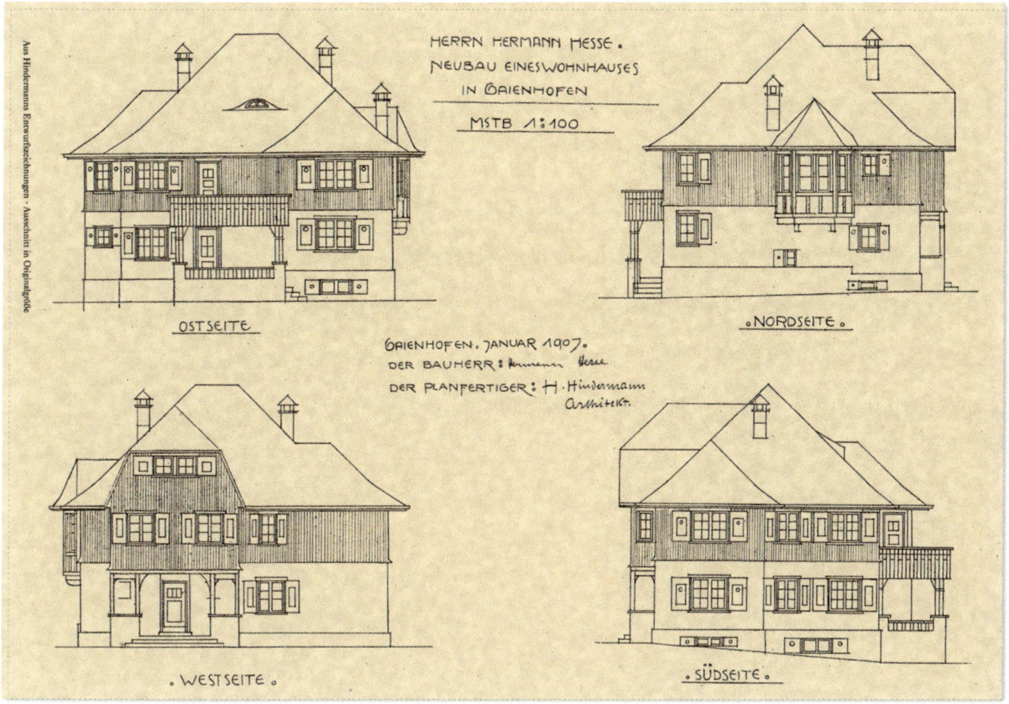

Entwurfszeichnungen des
Architekten Hans Hindermann
für das zweite Hesse-Haus

MIT FÜSSEN GETRETEN

Im Jahr 1907 ließ sich Hesse in Gaienhofen ein eigenes Haus bauen – finanziert aus seinen literarischen Erfolgen und mit einem Darlehen seines Schwiegervaters. Der Architekt war Hans Hindermann aus Steckborn, der am Ort auch die Häuser von Ludwig Finckh und Schneidermeister Köpfler entworfen hatte. Um das Haus herum wurde ein großer Garten angelegt, der eine weitgehende Selbstversorgung ermöglichen sollte. Um die Gartenwege zu befestigen, machte Hesse aus der Not eine Tugend: »Wir hatten in Gaienhofen Sand die Menge, aber keine Steine, und ich hatte den Weg mit lauter unnützen Büchern und Massen von Zeitschriften unterlegt.« Durch seine wachsende Bekanntheit war Hesse zu einem begehrten Rezensenten geworden, der sehr viel Papier zur Besprechung erhielt. Er aber rezensierte nur, was er auch schätzte und was nach seiner Überzeugung länger Bestand hatte.

Beachten Sie wie schön fest dieser Weg ist. Er hat unter dem Sand ein gutes Bett, aber nicht von Stein, sondern unten liegt hübsch geschichtet die ganze deutsche Literaturvon heute.

Hesse im Gespräch mit einem Besucher seines Gartens

Beachten Sie wie schön fest dieser Weg ist. Er hat unter dem Sand ein gutes Bett, aber nicht von Stein, sondern unten liegt hübsch geschichtet die ganze deutsche Litteraturvon heute.

Hesse im Gespräch mit einem Besucher seines Gartens

Hesse mit seinem Sohn Bruno
im Garten des zweiten Hauses,
um 1908

INDIEN
IM GEPÄCK

Still verlaß ich dieses
Hafens Becken
Nun kann Europa mich am ...

Hesse an Reinhold Geheeb, 7. September 1911

Still verlaß ich dieses
Hafens Becken
Nun kann Europa mich am ...

Hesse an Reinhold Geheeb, 7. September 1911

HERMANN HESSE
Aus Indien

Hesses oftmals als Flucht aus Gaienhofen interpretierte Indienreise im Jahr 1911 war lange geplant und hatte eine noch längere Vorgeschichte. Sein Großvater Hermann Gundert wirkte in Südindien als Missionar und verfasste dort auch die erste Grammatik des Malayalam, wofür er noch heute verehrt wird. Hesses Mutter wurde in Indien geboren, und auch sein Vater hat in jungen Jahren dort missioniert. So hat sich Hesse schon früh – und auch am Bodensee – mit Indien und dem Buddhismus beschäftigt. Noch im Roman *Roßhalde* erscheint das exotische Land als Sehnsuchtsort. Und für Hesse selbst, der immer öfter auch von einer Europamüdigkeit sprach, diente die dreimonatige Reise zur Neuorientierung. Seine Bilanz jedoch fiel bitter aus. Ohne innere Befreiung und geplagt von den klimatischen, hygienischen und sozialen Verhältnissen, brach er die Reise ab, bevor er sich auf die Spuren seiner Vorfahren begeben konnte. Im Dezember 1911 kehrte er auf die Höri zurück und schon neun Monate später verließ er mit seiner Familie die Halbinsel in Richtung Bern: »Ich hatte Gaienhofen erschöpft«.

IM BAUCH DES HAIS

Als Otto Blümel von den Reiseplänen seines Freundes Hesse erfuhr, schuf er binnen weniger Tage ein launiges Schattenspiel über die bevorstehende Meerfahrt, das vor Hesses Aufbruch im Gaienhofener Atelier des Malers aufgeführt wurde. Die innere Unruhe und Unzufriedenheit des Dichters, die sich in den mittlerweile sieben Jahren am See ins manchmal schwer Ertragbare gesteigert hatte, wurde von Blümel mit mutwilligem Sprach- und Bildwitz ins Skurrile und Groteske gewendet: »Fort nach Indien, fort nach Indien / werde ich den Weg schon findien«. Doch weder der Held der Moritat noch der reale Hermann Hesse erreichten dieses Ziel. Im Schattenspiel wird der Dichter von einem Hai verschluckt und am Strand Afrikas wieder ausgespien. Im Leben reiste Hesse nach Niederländisch-Indien, heute größtenteils Indonesien, und nach Ceylon, heute Sri Lanka. Den indischen Subkontinent hat er nie betreten. Inspiriert durch seine Bücher reisten jedoch viele Anhänger der Hippiebewegung in den 1960er- und 1970er-Jahren in dieses Sehnsuchtsland.

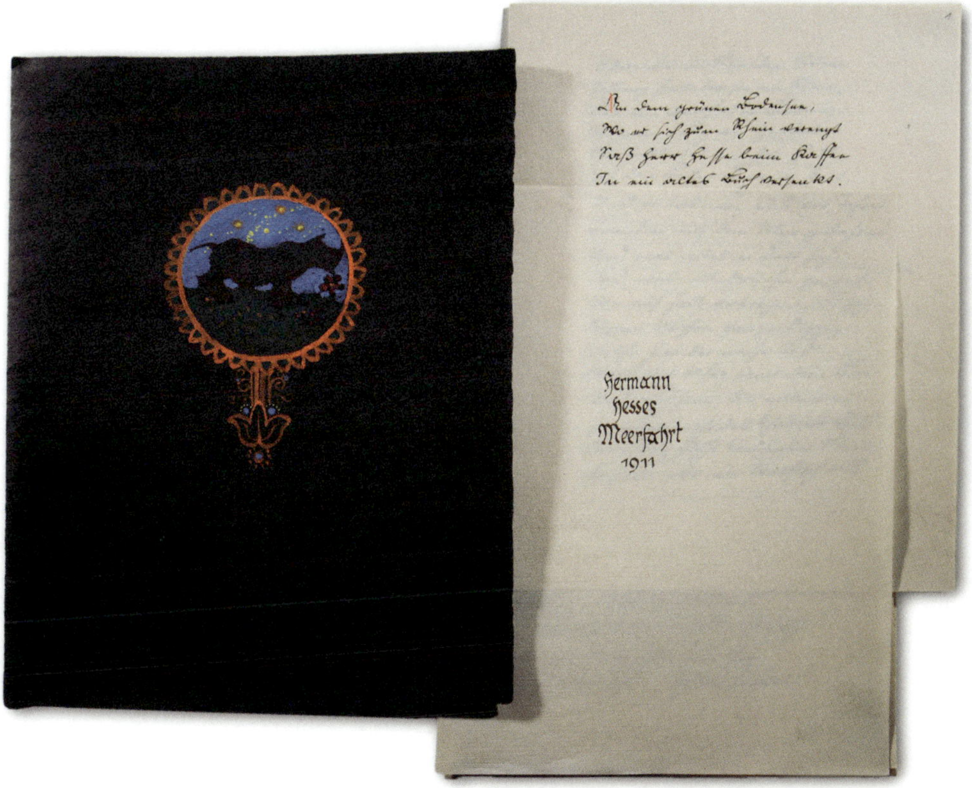

Otto Blümels Text zu seinem Schattenspiel *Hermann Hesses Meerfahrt*, 1911.
Nächste Seite: Ein Ausschnitt aus Blümels Freundschaftsgabe

OTTO BLÜMEL
HERMANN HESSES MEERFAHRT

An dem grünen Bodensee,
wo er sich zum Rhein verengt,
saß Herr Hesse beim Kaffee
in ein altes Buch versenkt.

...

las von nie gehörten Ländern,
wo man ledig von Gewändern
nur in seiner braunen Haut,
auf dem Baum Bananen kaut.

...

»Dies ist alles leicht beschreiblich,
aber mir ist es nicht gläublich«,
sprach Herr Hesse zum Kaffee
(immer noch am Bodensee).
»Nicht der Druckerschwärze trauen,
sondern selber gehn und schauen
scheint mir rechten Mannes Art.
Mich gelüstet, solche Fahrt
einmal selbst zu unternehmen,
um den Lügner zu beschämen!«

...

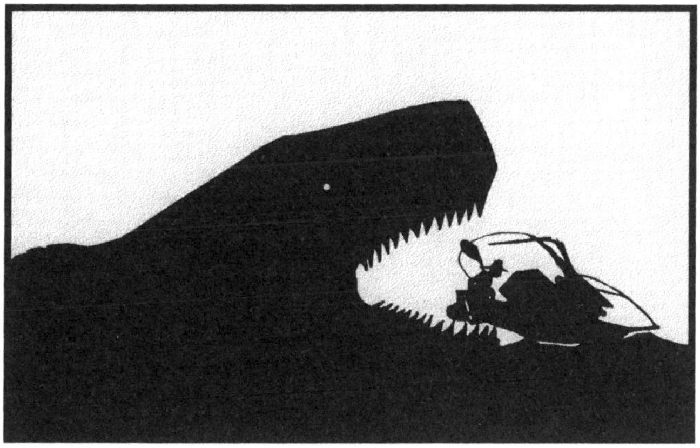

ENTTÄUSCHUNG AN DER QUELLE

Hesses Reise fand ihren Niederschlag in dem Bucherfolg *Aus Indien* (1913). Während der neun Jahre danach publizierte Roman *Siddhartha*, der später Kultstatus erlangen wird, auf Hesses jahrelanger Beschäftigung mit der indischen Geisteswelt beruht, präsentiert das erste Indienbuch seine Reiseeindrücke – in Aufsätzen, Erzählungen und Gedichten. Seine Aufzeichnungen veröffentlichte er auch in Zeitungen wie dem *Neuen Wiener Tagblatt*, so etwa die Skizze über die buddhistische Pilgerstadt Kandy, von der aus er die Rückfahrt nach Europa angetreten hat. Knapp drei Monate zuvor war er an der Seite seines Freundes Hans Sturzenegger in den Fernen Osten aufgebrochen. Er hatte sich dem Maler auch angeschlossen, um sein durch Eltern und Großeltern bestimmtes Indienbild an der Realität zu messen. Die Reise allerdings, die Hesses einzige nach Asien bleiben sollte, führte nicht ins heutige Indien, sondern u.a. nach Penang, Singapur und Sumatra. Zu Hesses Überzeugung, »daß der europäische Geist im Niedergang steht und der Heimkehr zu seinen asiatischen Quellen bedarf«, war die Reise aber »bloß eine kleine Beigabe und Illustration«.

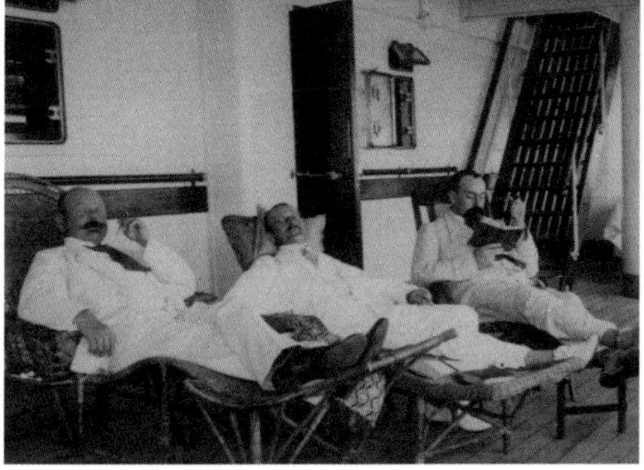

Eine von Hesses Leinenjacken, die er sich beim Schneidermeister Köpfler in Gaienhofen für die Reise fertigen ließ und die er auch an Bord der *Prinz Eitel Friedrich* auf dem Weg nach Niederländisch-Indien trug, rechts Hans Sturzenegger.

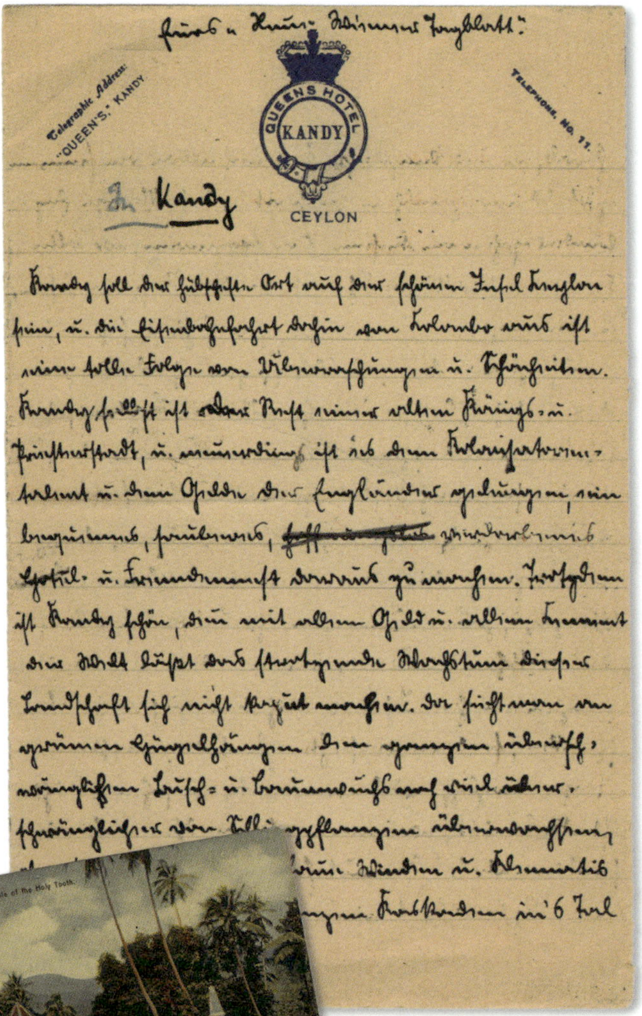
[illegible] „Münchner Tagblatt"

Telegraphic Address: "QUEEN'S." KANDY

QUEENS HOTEL KANDY CEYLON

TELEPHONE, NO. 11.

In Kandy

Kandy soll der hübscheste Ort auf der schönen Insel Ceylon sein, u. die Eisenbahnfahrt dahin von Colombo aus ist eine tolle Folge von Überraschungen u. Schönheiten. Kandy selbst ist ~~der~~ Rest einer alten Königs- u. Priesterstadt, u. neuerdings ist es dem Kolonisatorentalent u. dem Gelde der Engländer gelungen, ein bequemes, feineres, ~~[illegible]~~ modernes Hotel- u. Fremdenort daraus zu machen. Trotzdem ist Kandy schön, denn mit allem Geld u. allem Talent der Welt läßt das strotzende Wachstum dieser Landschaft sich nicht kaputt machen. Da sieht man an grünen Hügelhängen den ganzen üppigen, urweltlichen Busch- u. Baumwuchs noch viel überschwänglicher von Schlingpflanzen überwachsen, … Winden u. Klematis … Farnstauden in 6 Fuß

Hesses Skizze über die Pilgerstadt Kandy auf dem Papier des örtlichen Queens Hotel; Postkarte aus Kandy aus Hesses Besitz

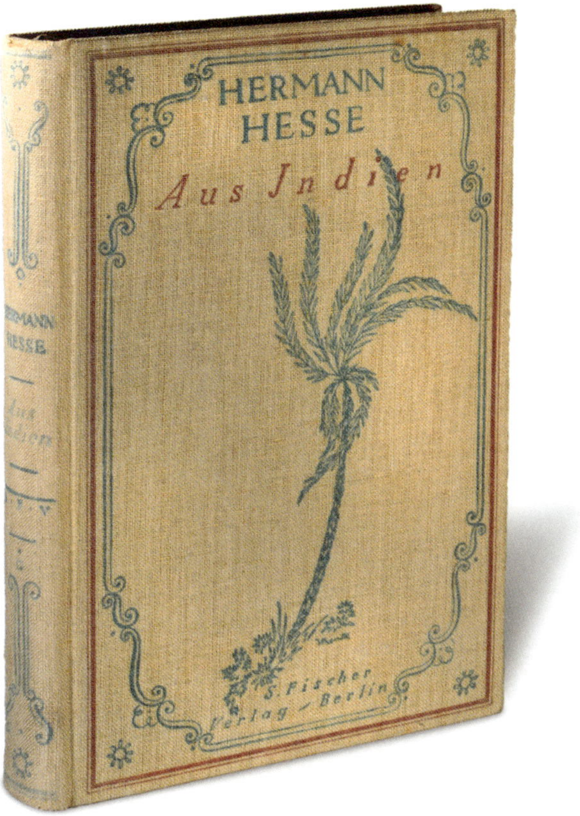

Den Einband der Erstausgabe
Aus Indien (1913) gestalteten
Emil Rudolf Weiss und Erich Mende.

Götterfiguren. Indien-Reise-
andenken aus dem Besitz Hesses

BILDNACHWEISE

Deutsches Literaturarchiv Marbach 103 (Opernlibretto), 123, 124, 125

Chris Korner, Deutsches Literaturarchiv Marbach Cover, 19, 41, 47, 61, 65, 66, 71, 75, 80, 81, 85, 89, 97, 101, 111, 121, 169, 177 (Leinenjacke) , 178, 179

Schweizerische Nationalbibliothek, Bern 67

Monacensia. Literaturarchiv und Bibliothek, München 5

Suhrkamp Verlag, Berlin 2002 174, 175
Textauszug und Abbildungen aus: Otto Blümel, Hermann Hesses Indienreise. Eine Moritat. Als Schattenspiel in Verse und Bilder gebracht von Otto Blümel. Herausgegeben und mit einem Nachwort von Volker Michels

Stadtarchiv Calw, Sign. FB 11 – 023 27 (Foto Calw)

Stadtarchiv Esslingen a. N., Fotoslg. 3671 26 (Foto Esslingen)

Hermann Hesse Editionsarchiv Volker Michels, Offenbach 24, 27 (Foto Basel), 31, 32, 92

Martin Hesse Erben 90, 116, 117 (Fotos von Hesses Arbeitszimmer)

Franz-Josef Stiele-Werdermann, Konstanz 129

Hesse Museum Gaienhofen Alle anderen Bilder

IMPRESSUM

KONZEPT UND TEXTE
(AUSSTELLUNG UND KATALOG):

Ute Hübner (Hesse Museum Gaienhofen) und
Thomas Schmidt (Deutsches Literaturarchiv Marbach)
unter Mitarbeit von Juliane Bokelmann, Andrea Dietz,
Ina Appel und Melina Wießler

GESTALTUNG (KATALOG):

Sandrine Amin, Kommunikationsdesign, Konstanz

DRUCK (KATALOG):

Druckerei Peter Zabel e. K.

ISBN

978-3-9808992-8-4

GESTALTUNG (AUSSTELLUNG):
Sandrine Amin, Haydar Dalci, Elisa Iorio, Jürgen Oswald und Alfonso Patermo – unter Betreuung von
Eberhard Schlag, Professur für Architektur und
Brian Switzer, Professur für Kommunikationsdesign
(alle Hochschule für Technik, Wirtschaft und Gestaltung, Konstanz)

PRODUKTION (AUSSTELLUNG):
Galster Trockenbau, Ausstellungsbau Flaig GmbH
Elektrotechnik Ruhland, Malerbetrieb Kröger
Schreinerei Weiermann, Malzacher und Heinze Expo-Display
Lichttechnik Belzner und Holmes, Medienprojekt 2

Ausstellung und Katalog wurden aus Landesmitteln gefördert
durch die Arbeitsstelle für literarische Museen in Baden-Württemberg
(Deutsches Literaturarchiv Marbach).

Aus Gründen der besseren Lesbarkeit wird im Buch auf die gleichzeitige Verwendung geschlechtsbezogener Sprachformen verzichtet und das generische Maskulinum verwendet. Sämtliche Personenbezeichnungen gelten gleichermaßen für alle Geschlechter.